KB209181

불설대승무량수장엄청정평등각경
佛說大乘無量壽莊嚴清淨平等覺經

여래께서 설하신 제일의 경·무량수경 선본

하련거夏蓮居 거사 회집

매광희梅光羲 거사 서문
석정공釋淨空 법사 강해
허만항許萬亢 거사 풀이

일러두기

1. 이 책은 1946년 황념조 거사께서 노모의 80세 생신을 기념하여 중국 근대 인물인 하련거 거사께서 무량수경 5종 역본을 회집하신 『불설대승무량수장엄청정평등각경佛說大乘無量壽莊嚴淸淨平等覺經』(무량수경 회집본, 또는 선본)을 개정하여 발행한 정본으로 2016년 미국 워싱턴 불교회 30주년 기념을 맞이하여 인쇄된 책(불타교육기금회佛陀教育基金會 인쇄)을 텍스트로 삼아 번역하였다.

佛說大乘無量壽莊嚴

清淨平等覺經 古音讀本

釋淨空敬題

매광희 거사, 무량수경 선본 서문

한가롭게 연못과 보배수 사이로 거닌다. 자애로운 광명을 참배하는 듯하고, 법어를 경청하는 듯하고, 염송하는 사람은 권태로움을 잊고 경청하는 자는 기쁜 마음이 생겨서 본분에 따라 이해하는 것이 각자 그 도량과 같다.

범부의 탁하고 좁게 갇힌 마음을 거두어 들여 성중과 함께 하는 경계에 들어가고, 전체 진여가 그대로 망상이 되는 생각을 바꾸어 세속 티끌을 등지고 깨달음에 계합하는 행이 된다(攝凡濁介爾之心 , 入聖衆俱會之境 ; 易全眞成妄之念 , 爲背塵合覺之行).

만약 무량수경을 수지독송하고 말씀대로 닦으면 장래의 괴로운 과보를 뽑아내고 진실로 현전의 복리福利를 획득하게 될 것이다. 진실로 정업淨業을 닦지 않는 자는 그 미묘함을 깨닫지 못하고 가르침의 바다(敎海)를 건넌 적이 없는 자는 아무도 그 깊이를 엿보지 못한다.

정공 법사, 무량수경 선본 서문 강설

무량수경을 염송하면 당신의 분별·망상 업장의 생각을 돌려서 자성청정을 회복할 수 있다. 우리들이 구하는 「무량수無量壽」와 우리들이 바라는 「장엄莊嚴」(바로 원만하게 행복하고, 생활상에 갖가지가 흠결이 없으며, 모든 일이 원하는대로 이루어짐을 말한다)을 어디로부터 구하는가?

「청정淸淨」심, 「평등不等」심, 「각覺」심으로, 모두 이 경의 제목에 있다!

마음이 청정하지 않으면 어떻게 행해야 하는가? 어떻게 청정한 마음을 회복하여야 하는가?

『무량수경』을 독송하라!

목 차

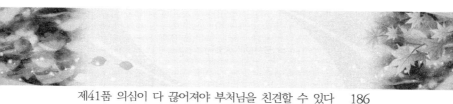

초판본 서문 初印原序

『무량수경無量壽經』은 정토 여러 경의 강요綱要이다. 동쪽으로 건너온 경전 중에서 가장 이른 것으로 역본이 가장 많았다. 한漢대로부터 송末대에 이르기까지 모두 12종 역본이 있었으나, 송원杭元 이후에는 5종 판본만 남았다. 이 5종 판본 중에서 상세하고 간략한 것이 있어서 처음 발심하여 배우는 자는 두루 독경하기가 어렵다.

왕용서王龍舒 거사는 한漢·오吳·위魏·송末 4역본을 취해 한 개 판본으로 모았다. 뜻은 더욱 초학자에게 두었지만, 이따금 번잡한 것을 취하고 중요한 것을 빠뜨려서 경문의 깊이가 얕아졌다. 연지蓮池 대사께서는 이를 "앞뒤를 뒤집어놓아 번역의 법도를 따르지 않았다(抄前著後, 未順譯法)"고 비판하셨다. 팽이림彭二林 거사는 "혼란되고 어긋나서 원만한 종지에 계합되지 않았다(淩亂乖舛, 不合圓旨)"하였다. 삼가 생각컨대, 용서 거사는 4종 역본을 회집할 때 여전히 중년의 나이여서, 이해가 아직 뛰어나지 못했고 정성이 어긋나 그르쳤다. 다만 운서雲棲·영봉靈峰 두 대사께서 보신 것은 남북의 판본이고,

서로 같지 않아 혹 그 차이를 바로잡은 정본定本이 있었으나, 지금은 산실되어 알 수 없다. 용서 거사의 정토문淨土文에 이르러 만년에 후학들에게 혜택이 골고루 미치어 정종淨宗에 이익이 되었고, 비로소 공이 위대하게 되었다!

팽이림 거사는 왕 거사의 회집에 만족하지 못하여서, 또 다시 강승개 역본을 취해 한 개의 판본으로 번잡함을 줄이고 잘라버려 용서 거사의 실수를 보완할 수 있었다. 4종 역본을 회집하는 가운데, 용서 거사의 잘못에 대해 팽이림 거사가 줄이고 자른 것은 강본 한 개 판본에 한정되었으니, 어찌 고쳤다 하겠는가?

위묵심魏黙深 거사는 다시 5종 원역본을 융회하여 하나로 만들었으나, 문자의 간결함이 용서 거사의 회집본보다 못하고, 마음대로 늘리고 이치에 어긋나는(率增乖舛) 폐단을 또다시 면하지 못했다. 위묵심 거사의 원고를 조사하면 아직 교간校刊에 미치지 못했고, 여러 친구들에게 부쳐 사후 간행되어 증감이 있었을지도 모른다.

대저 회집과 역의譯義는 다르다. 역경은 반드시 범본을 보아야 한다. 회집은 반드시 원문에 비추어 증거가 없으면 신뢰하지 않아 유적儒籍이 여전하다. 원역본에 없는 것은 그 증거가 누구에게 있겠는가? 이 때문에 5종 원역 그 밖에 비록 3종의 절회본節會本이 있을지라도 아직 두루 유통할 수 없었다.

나의 스승인 하련거 거사께서는 유생(學儒)이 되지 않았고, 장년이 되어 선禪을 익혔으며, 종宗에서부터 교敎를, 밀密에서부터 정淨을 두루 익혔다. 1932년에 이 경전을 중교重校하길 발원하셨다. 교열하시는데 3년의 시간이 흘렀고, 원고가 여러 번(10번) 바뀌었다. 자비와 지혜가 함께 하여 마침내 이 책을 완성하셨다.

왕팽위王彭魏 세 사람 절회본의 부주의한 실수를 보충할 수 있을 뿐만 아니라 한漢·당唐·송宋 5종 원역본 회집의 대성취라 일컬어 칭할만하다. 불학계佛學界의 여러 존숙(尊宿; 덕이 높은 스님)들께서 그 문장이 간략하고 뜻이 드러났으며, 글은 이理를 원만하게 펼쳤다 (詞暢理圓)고 칭찬하셨다.

정토를 익히는 이가 정성을 다해 수지·독송하면 연종蓮宗 법문을 빠뜨림 없이 총섭統攝할 수 있을 것이다. 이 판본을 처음 탈고할 때 장헌신張憲臣 거사가 이를 보고 기뻐서 찬탄하고 시급히 인쇄에 넘기고 싶다 하여 서문과 회역會譯 인증을 고루 기록하였으나, 하련거 스승님께서 교정에 미심쩍어 하셔서 유통을 허용하지 않는 바람에 아직 원고를 넘기지 못했다. 그래서 정본과 서문을 잠깐 기다리다 따로 출간하였다.

이것이 비록 처음 인쇄에 넘긴 판본일지라도 원역본 밖에서 결코 한 뜻, 한 마디도 참고한 적이 없다. 매힐운梅擷芸 노거사께서 중앙

라디오 방송에서 가장 잘된 판본이라 칭찬하셨다. 독자께서는 5종 원역본과 3종 회집본을 취해 서로 비교·대조하면 매 거사께서 과분하게 칭찬하신 말씀이 아님을 알 수 있을 것이다.

중화민국 25년(1936년) 소설小雪에

제자 황초자黃超子 삼가 서문을 짓다

재판본 무량수경 5종 원역본 회집 서문

무량수경 선본 소개[1]

🪷 『무량수경』은 여래의 성품에 맞는 지극한 말씀(極談)이니, 중생이 본래 지닌 화의(化儀; 설법형식 · 교화방법)이고, 일승요의一乘了義이며, 수많은 선의 총문總門이고, 정토 여러 경 일백 수십 부의 강요綱要이자 일대장교一大藏敎가 가리켜 돌아가는 곳(指歸)이니라.

[講] 먼저 서문을 지은 사람을 간략히 소개하겠다. 이 서문은 매광희梅光羲 노거사께서 지으신 것이다. 나이 드신 불교도는 대개 매광희 노거사를 알고 계신다. 중화민국 초년(1912-) 그는 집에서 학불하는 거사 중에서 명망과 지위가 뛰어나 별칭으로 「남매북하南梅北夏」라 불리었다. 「남」은 남방으로, 그는 강서 남창인南昌人이었다. 남방을 대표한 이는 매광희 노거사였다. 북방을 대표하는 이는 하련거夏蓮居 거사로 바로 본경의 회집인이시다. 이 두 분 노거사께서는 당시 「대사大士」(우리들은 관세음보살을 대사라고 부른다)라 불리었다. 그래서 대보살로 존칭하였다.

---

1) 1990년, 정공 법사께서 홍콩에서 강연하신 내용이다. ([講]이라 약칭)

근대에 적지 않은 동학들은 타이완에 있는 이병남 노거사를 알고 있었다. 이 노거사는 바로 매광희 노거사의 제자이다. 북경에는 황념조 노거사가 계셨는데, 모두 현대의 진정한 선지식이었다. 황념조 노거사는 매 노거사의 외손자로 하련거 거사의 제자이자 계승자이었다. 그는 『무량수경』에 주석을 다셨다. 타이완에서 2권으로 인쇄되어 현재 3판이 인쇄되었다. 이 판본은 수많은 동학들에게 읽혀졌다.

매광희 대사께서는 위대한 대덕으로 『근대왕생전近代往生傳』에 그에 대한 짧은 전기가 실려 있다. 우리들은 그를 간략히 소개할 수 있을 뿐이다. 그는 서문을 시작하면서 "여래의 성품에 맞는 지극한 말씀"이라고 『무량수경』의 본질을 설명하신다. 우리들은 석가모니 부처님께서 49년 설법하시면 300여 회 강경講經하셨고, 일체 대경론이 모두 진여본성에서 흘러나온 것임을 깨달아 알고 있다. 『화엄경』·『법화경』은 중국에서 경중의 왕이라 불리지만, 여전히 극처極處에 이르지 못하였다. 무량수경은 「극極」처에 도달한 것으로 이보다 더 높은 경전은 없다.

당나라 시대에 일본의 불문대덕들이 세존께서 49년간 설하신 일체경을 비교한 적이 있었는데, 모두 『화엄』을 제일로 삼았다. 『화엄경』을 『무량수경』과 비교하면 『무량수경』이 제일이므로 이 경이 확실히 「여래의 성품에 맞는 지극한 말씀」임을 알게 된다. 왜냐하면 『화엄경』의 최후 십대원왕十大願王이 극락으로 인도하여 돌아가야 비로소 오를 수 있는 최고의 경지이기 때문이다. 무량수경은 처음부터 끝까지 서방극락세계를 완전히 강설하고 있으므로 곧 『화엄』이 돌아가는 곳(歸宿)이다.

당나라 시대 일본 도은道隱대사께서는 『법화』·『화엄』은 본경을 안내하는

경(導引)에 불과할 뿐이라고 말씀하셨다. 이 말은 곧 『화엄경』과 『법화경』을 경중의 왕이라 존칭하나, 그것은 『무량수경』을 이끄는 경일 뿐이고, 진정으로 돌아가는 곳은 『무량수경』이라는 말이다. 만약 불경을 삼분하여 말하면 『화엄경』·『법화경』은 서분序分이고, 『무량수경』은 정종분正宗分이며, 『아미타경』은 유통분이다. 우리는 여기서 이 경전이 불교에서 차지하는 지위를 알게 된다.

그래서 무량수경은 우리들의 근본 스승(本師)일 뿐만 아니라 시방세계 일체 제불여래께서 중생을 제도하여 불도를 이루시는 제일법문이다. 오늘날 정토수행자는 진정으로 복보가 있어서, 무량겁 이래 선근·복덕·인연이 성숙하여 제불여래의 가지加持를 입고서 비로소 이렇게 수승한 기연機緣이 있어 제일 법보를 만나게 된 것이다. 여러분들은 무량수경을 귀중하게 여기고 착실히 학습하여 진정으로 옛 대덕께서 부른 제일의 경이라 인식하길 희망한다.

"중생이 본래 지닌 화의". 만약 여래의 지극한 말씀이 없다면 우리들은 현재 박지범부博地凡夫로 일품一品의 번뇌를 끊지 못하였는데, 우리들이 어떻게 학습할 수 있겠는가? 이 경전을 진실로 받아들일 수 있겠는가? 이것은 큰 문제이다. 만약 "중생이 본래 지닌 화의"라면 우리에게도 몫(份)이 있다. 우리들은 중생으로 우리들의 자성에 본래 구족되어 있는 것과 여래의 본성에서 흘러나온 것, 두 가지는 구별이 없다. 그래서 곧장 염불법문은 "삼근을 두루 가피하고, 예리한 근기와 둔한 근기를 전부 거두어들인다(三根普被 , 利鈍全收)"라고 말한다. 위로는 문수·보현보살에 이르기까지 모두 염불하여 정토에 태어나길 구하고(『화엄경』에서 볼 수 있다), 아래로는 아비지옥 중생에 이르기까지 임종시 일념 내지 십념에 왕생하여 성불할 수 있으니, 이것은 진실로 불가사의하다! 위로는 등각보살에 이르기까지 아래로는 지옥에 이르기까지, 우리들은 위쪽에는 보현보살과 비교할 수 없지만, 지옥에 비하면 아래쪽은 대단히 많아서 우리들은 당연히 몫이 있고, 분명코 몫이 있다!

본경이 전체 불법 속에서 어느 분량을 차지하는가 하면 "일승요의"이다. 일승경전은 실제로 많지 않다. 중국불교에서 공인하는 일승경전은 『화엄경』·『법화경』, 그리고 『범망경梵網經』이 세 경이 있지만, 무량수경이 일승의 일승임을 알지 못한다. 왜냐하면 『화엄경』·『법화경』은 모두 마지막에 극락으로 인도하여 돌아가기 때문이다.

"수많은 선의 총문". 정토의 경론에는 3부경이 있다고 말한다. 정토3경은 『무량수경』·『관무량수경』·『아미타경』이다. 부처님께서는 다른 경전에서 정토부에는 240여 종의 경전이 있음을 덧붙여 말씀하셨다. 그래서 매광희 대사께서는 여기서 "정토 여러 경전 일백 수십 부의 강요이자 일대장교가 가리켜 돌아가는 곳"이라고 말씀하셨다.

도은 대사께서는 일체 경전을 비교하시면서 『화엄경』을 제일이라고 하셨고, 『화엄경』을 『무량수경』과 비교하여 『무량수경』이 제일이라고 말씀하셨다. 『무량수경』은 우리들 현재 보는 판본에서는 총 48품인데, 어느 품이 제일인가? 6품이 제일이다. 6품은 아미타 부처님의 48원으로 아미타 부처님께서 친히 자설自說하신 것이다. 그래서 이 경전은 석가모니 부처님과 아미타 부처님 두 분 부처님께서 말씀하신 것이다. 48원 중에서 어느 원이 제일인가? 옛 대덕께서는 제18원이 제일이라 공인하셨다. 이것은 불법을 정점으로 귀납시킨다. 제18원은 바로 「십념필생十念必生」이다.

만약 학불이 어렵다고 말한다면 "십념이면 반드시 왕생한다"는 이 원을 믿지 못하는 사람에게 그 어려움이 있다! 이 원을 기꺼이 믿고, 기꺼이 염불하는 사람에게는 어려움이 없다!

이 법은 제불께서 모두 "행하기는 쉽고 믿기는 어렵다(易行難信)"라고 말씀하신다. 믿기는 쉽지 않지만, 행하기는 정말 쉽다. 이는 구경·방편으로 말한다. 예컨대 『법화경』·『화엄경』은 구경이지만 방편이 아니므로 배우기가 매우 어렵다. 몇몇 소승의 『방등方等』은 방편이지만 구경이 아니다. 무엇을 구경이라고 하는가? 이 법문은 일생에 우리들을 도와 성불할 수 있게 한다. 이것이 구경이다. 우리들을 도와 아라한과를 증득하게 하고 보살과를 증득하게 하면 구경이라고 할 수 없다. 반드시 우리들을 도와 성불하여야 구경이라 인정할 수 있다. 무량수경은 구경·방편이다. 만약 이것으로부터 표준삼아 보면 전체 『대장경大藏經』에는 단지 한 부 경전만 있을 뿐이다. 「구경·방편」 이 4글자에 모두가 구족되어 있다. 그 나머지 경전은 구경인 즉 방편이 아니고, 방편인 즉 구경이 아니다. 이것이 「일승요의」이다. 진실로 일승의 일승이고 요의의 요의이니, 대단히 희유하고 얻기 어렵다.

『대방광불화엄경大方廣佛華嚴經』은 바로 무량수경의 주해註解이다. 무량수경은 『화엄경』의 정화이다. 어떻게 80여권을 염송할 수 있겠는가? 무량수경을 염송하는 것이 좋다. 『화엄경』은 전체 『대장경』의 정화이다. 이 경은 정화 가운데 정화이다. 그래서 이 경은 전부 『대장경』의 농축으로 전개하면 바로 "일대장교가 가리켜 돌아가는 곳"이다. 이 경을 염송하면 전체 『대장경』을 다 염송하는 것으로 일부도 모자라지 않는다. 여러분은 진정으로 진지하게 알아야 한다. 일체 경전에서 어떤 경전을 선택하여 독경할 것인가? 당연히 『무량수경』을 선택해야 할 것이다. 석가모니 부처님께서 강설하신 일체 경전에 대해 무량수경은 총강령일 뿐만 아니라 시방삼세 일체 제불여래께서 설하신 일체 경전 모두 무량수경을 떼어놓을 수 없다. 무량수경은 제불여래께서 중생을 이롭게 하시는 총강령이다. 오늘 우리들은 비로소 이 경을 얻었으니, 이 얼마나 행운인가!

❋ 사리인과事理因果를 총섭統攝하였을 뿐만 아니라 현밀성상顯密性相을 융회融會하였으며,

[講] 무량무변의 법문이 모두 이 경전에 다 들어 있다. 조금 더 쉽게 말하면 이 경전의 내용은 우주와 인생의 진상真相을 말한다. 대승경전에서 말하는 제법실상이 전부 이 경전 가운데 있다.

❋ 이고득락離苦得樂을 상세하게 말씀하셨고, 진제를 비추고 속제에 통달하였으며,

[講] 이는 대단히 얻기 어려운 경지이다. 여러분들은 본경을 몇 차례 독송한 후 석가모니 부처님께서 3천 년 전에 오늘날 우리들이 살고 있는 이 사회에 대해 또렷하게 명백하게 강설하셨고(이것은 진실로 불가사의하다!), 우리들이 이고득락離苦得樂하는 길을 가리켜 주셨음을 알 수 있을 것이다. 이런 즐거움은 진실한 즐거움이고, 구경의 즐거움이다.

❀ 그래서 우리 부처님께서 여러 차례 강설하셨고,

[講] 세존께서 그 당시 세상에 계시면서 일체 경전을 단 한번만 강설하셨고 중복으로 강설하시지 않으셨다. 유독 본경은 부처님께서 그 당시 한 차례가 아니라 여러 차례 말씀을 베푸셨다. 이 경전이 그만큼 중요함을 알 수 있다.

❀ 여러 스승님들께서 앞 다퉈 번역하셨으며,

[講] 중국은 부처님과 연분이 있다. 부처님께서 중국에 출현하시지 않았지만 부처님께서 멸도하신 후 1천 년에 불법이 중국에 전래되었다. 이 경전은 이른 시기에 중국에 전래되었다. 안세고安世高 대사의 역본이 있었는데, 『장경藏經』 목록에서만 볼 수 있을 뿐, 애석하게도 이 역본은 이미 실전되었다. 본경은 한나라 시대로부터 송나라 시대까지 800년간 총 12차례 번역되었다. 그래서 일체 경전 중에서 가장 왕성하게 번역된 것으로 본경을 넘어서는 것은 없다. 송나라 시대 이후 12종의 역본에서 7종이 실전되어 현재 5종만 남아있어 『대장경』에서 볼 수 있다.

5종 역본에 있는 내용은 차이가 매우 크다. 만약 범본이 동일하다면 설사 여러 차례 번역되었을지라도 내용은 모두 대동소이할 것이다. 『금강반야金剛般若』처럼 6종의 역본이 있지만, 그 속의 내용은 대동소이하여 확실히 원문이 하나이고 번역한 사람이 다름을 알 수 있다. 오직 본경만 차이가 매우 커서 옛 사람들은 역본에 따라 연구하여 본래 중국에 전래된 범본에 최소한 3종의 완전히 다른 판본이 있었다고 판단하였고, 부처님께서 세 차례 강설하셔서 이렇게 큰 차이가 있음을 증명하였다. 이후 『대보적경大寶積經』 내 무량수회無量壽會가 있음은 부처님께서 『대보적경』을 강설하실 때 본경을 설하신 적이 있음을 말해준다. 이는 대단히 유력한 증명으로 부처님께서 그 당시 확실히 한차례 강설하신 것이 아니라 여러 차례 말씀을 베푸셨음을 증명한다.

🌸 동쪽으로 전래된 경전 중에서 가장 이른 것으로 역본이 가장 많았다. 소본小本은 요진姚秦에서 처음 번역되었고, 『관경觀經』은 처음 유송劉宋에서 나타났으므로 이 두 경이 아직 동토東土에 도달하지 않은 채,

[講] 소본 『아미타경』 · 『관무량수경』이 아직 번역되지 않았을 때 혜원대사께서는 여산廬山에 연사蓮社를 세우시고, 정토를 전수專修 · 전홍專弘하셨으며, 중국 정토종을 창시하신 분이다. 동림東林 혜원慧遠 대사께서 정토종을 창립하신 소의 경전은 『무량수경』이다. 그 때 정토종에는 단지 경전이 하나만 있었고, 3경에서 나머지 두 경은 아직 번역되지 않았다. 이 경전이 정토종에서 확실히 제일의 경전임을 알 수 있다.

우리들이 현재 보고 있는 정토종의 소의경전은 5경이다. 5경은 어떻게 유래된 것인가? 여러분들은 원래는 단지 3경1론임을 반드시 알아야 한다. 청나라 시대 함풍咸豐년간(1850~1861)에 위원魏源 거사란 분이 있었는데, 그가 『화엄경보현보살행원품華嚴經普賢菩薩行願品』을 3경에 첨부한 후로 정토4경이 되었다. 이 작법作法은 실로 매우 대단한 것이다. 왜냐하면 『무량수경』은 바로 『화엄경』의 농축이기 때문이다. 『화엄경행원

품』을 정토3경에 첨부한 후『무량수경』,『아미타경』을『화엄경』과 동등하게 보게 되었다. 옛 사람은 무량수경을 '중본『화엄』'이라 불렀고,『아미타경』을 '소본『화엄』'이라 불렀는데, 탁월한 식견이다.

중화민국 초년에 이르러 인광印光 법사께서『능엄경대세지보살원통장楞嚴經大勢至菩薩圓通章』을 또 정토4경에 덧붙여 추가한 후로 정토5경이 되었다. 나는 젊은 시절 학불할 때 이병남李炳南 노거사와 함께『능엄』을 전공하였다.『능엄경楞嚴經』을 내가 매우 많이 강독하였지만, 이것에 주목하지 못했다. 이후 정토5경을 독송하고 비로소 문득 크게 깨달았다. 원래『대세지보살원통장』의 경문은 길지 않아 244 글자에 불과하고,『반야심경』에 비해서도 글자 수가 작다(반야심경 260글자). 인조印祖께서 이렇게 집어내시어 우리들을 일깨워주셨다. 이 한 장의 경문은 정토종의 심경心經일 뿐만 아니라 실제로 일대장교의 심경이다. 일대장교의 심경일 뿐만 아니라 시방삼세 제불여래의 심경이다. 우리들은 과거『능엄』을 독송하였지만, 여태껏 이를 발견하지 못했다.『무량수경』을 독송하며 문득 크게 깨달아야 성불의 도가 얼마나 간단하고 요령이 있는지 알게 될 것이다.

하련거 노거사께서는『정수첩요淨修捷要』에서 대세지보살을 정토종의 초조라 부르셨는데, 저는 그 당시 명백하게 깨달았다. 대세지보살은 어느 곳에서 정토종의 초조라고 말하는가? 확실히 진허공盡虛空·변법계徧法界에서 정토의 전수專修·전홍專弘을 제창하시는 분이 바로 대세지보살이시다. 우리들 사바세계에서는 정토종의 초조는 보현보살이시다. 왜 그런가? 석가모니 부처님께서 성불을 시현하시고 27일에 보리수 아래서 선정에 드신 가운데『화엄경』을 강설하였다. 녹야원鹿野苑의 다섯 비구가 아직 제도를 받기 이전, 그는 선정 중에『화엄』을 강설하셨다.『화엄경』의 마지막에 십대원왕十大願王은 극락으로 이끌고 돌아간다. 그래서 세존께서 성도하시고 제일 먼저 강설하신 것이 『화엄』이다. 화엄회상에서 정토를 전수하실 것을 제창하신 분이 바로 보현보살이시다. 그래서 사바세계에서는 보현보살이 초조가 된다. 중국에서는 혜원慧遠 대사가 초조이시다. 따라서 정토종의 초조는 세 분이시다. 대세지보살은 법계의 초조이시고, 보현보살은 사바의 초조이시며, 혜원대사는 중국의 초조이시다. 우리는 이를 또렷하게 인식해야 한다.

나는 하련거 대사의 판본을 보고서 그가 매우 이치가 있는 말을 하고 있음을 이해할 수 있었다. 대세지보살원통장에서 그는 52동륜(「동륜同倫」은 바로 서로 뜻이 같고 생각이 맞다는 뜻이다. 무슨 뜻이 같은가? 정종을 전수함에 뜻이 같다과 함께 한다고 말하는데, 확실히 본경에서 말하고 있는 "발보리심發菩提心, 일향전념一向專念"과 같다. 대세지보살께서 이를 해내셨다. 우리들이 이 법문을 닦아서 성취할 수 있는가 여부는 대세지보살의 말씀을 마음속에 확실히 새기는가에 달려있다. 대세지보살께서는 우리들에게 "육근을 모두 거두어 들여 청정한 생각이 이어지게 하라(都攝六根, 淨念相繼)"고 가르치신다.

"도섭육근都攝六根", 이것의 간략한 뜻은 바로 전심專心이다. 육근을 거두어 들여서 다시는 외부의 울연攀緣으로 향하지 않는 것으로 한 마음 한 뜻을 말한다. "정념상계淨念相繼"에서 "념念"은 청정하여야 한다. 바로 의심을 품지 말고, 뒤섞지 말아야 한다는 뜻이다. 만약 당신이 염불법문에 대해 의심하면 당신의 마음은 청정하지 않다. 당신이 뒤섞는다면 당신의 마음은 청정하지 않다. "상계相繼"는 중단하지 않음이다!

『서방확지西方確指』에서 각명묘행覺明妙行 보살은 염불인이 가장 금기해야 하는 것은 뒤섞는 것(夾雜)이라고 잘 말씀하셨다.[2] "우리는 아침 기도일과로 『금강경』을 독송하고, 『지장경』을 독송하며, 『약사경』을 독송하며, 『보문품』을 독송하여 여러 가지 경전을 잘 독송해야만 해요." 오직 이렇게 독송하지 않으면 불보살님의 노여움을 살지 모른다고 걱정하는 정토수행자들을 많이 본다. 사실 진실로 하나를 들려다 만 가지를 빠뜨려서 불보살의 노여움을 사는 경우가 너무나 많다. 왜 그런가? 『대장경大藏經』 전체를 두루 독송하지 못하기 때문이다. 『대장경』에는 3, 4천 권이 있는데 기껏해야 10권, 8권 밖에 염송하지 못하여, 얼마나 많은 이들의 노여움을 사겠는가! 또한 경전을 독송하고 주문을 외거나 법회를 하거나 길흉화복의 말을 여러 번 말하거나 신통을 쓰거나 몇몇 불교도는 심지어 기공을 훈련하기도 한다. 이러한 것들은 모두 뒤섞는 것이다. 이미 뒤섞었다면 마음은 청정 전일專一하지 못하고 왕생은 어렵다. 그래서 염불은 반드시 청정 전일하여야 한다. 마음속에는 오직 한 분 아미타 부처님만 계셔야 하고, 오직 『무량수경』이나 『아미타경』 한 부만 있어야 한다.

---

2)   보살께서 침원휘沈元輝에게 보여주며 말씀하시길, "대체로 정토를 닦는 사람이 가장 금기해야 하는 것은 뒤섞는 것이다. 무엇을 뒤섞음이라 하는가? 즉 혹 경을 외우거나, 혹 주문을 수지거나, 혹 법회를 하거나(做會), 혹 요긴하지 않은 참선을 여러 번 말하길 좋아하거나, 혹 길흉화복 귀신 본 이야기를 이야기하거나 결국 뒤섞는 것이다. 이미 뒤섞으면 마음이 전일하지 않고, 마음이 전일하지 않으면 견불왕생見佛往生은 어렵다. 일생의 일을 허비하지 말라. 지금처럼 전혀 하지 말라. 한마디 아미타불만 단단히 수지하면 극락왕생은 기약되어 있다. 오래되면 공부가 성취되니, 바야흐로 뒤섞어버리지 말라." -각명묘행 보살, 『서방확지西方確指』

몇 년간 매우 많은 동학들이 나에게 물었다. "일생에 왕생하길 희망한다면 어떤 경전을 독송해야 합니까?"

나는 그들에게 일러 주었다. "상상근인은 오직 『무량수경』이나 『아미타경』 한 부만 독송하고, 한마디 아미타불에 의지하면 분명코 왕생합니다. 만약 이 한 부로 모자라다고 느끼고 조금 더 많이 독송하고 싶다면 저는 정토5경을 소개할 것입니다. 저는 최근에 편찬한 『정토오경독본淨土五經讀本』에 하련거 노거사 회집본을 싣는 것에 대해 감회가 매우 컸습니다. 그래서 9종의 다른 『무량수경』 판본을 모두 한 곳에 인쇄하였습니다. 이 기연機緣은 대단히 희유합니다. 이 시대 사람은 복보가 있고 연분이 있어 9종의 『무량수경』 판본을 볼 수 있습니다. 이것은 상중근기 사람입니다. 만약 부족하다고 느끼면 다시 『정토십요淨土十要』・『인광대사문초印光大師文鈔』를 추가할 수 있을 것입니다. 이는 하근기 사람입니다. 만약 여전히 모자라 좀 더 많이 읽고 싶다면 이번 생에 왕생하길 희망하여도 가망이 없고 서방극락세계에 이번 생에 갈 수가 없습니다."

동학들께서는 이 말을 듣고 난 후 어떤 사람이 되길 희망하시는가? 대세지보살을 따라 배우면 "청정한 생각이 이어지게 하면 방편을 빌리지 않아도 저절로 마음이 열리리라(淨念相繼 , 不假方便 , 自得心開)"는 말씀을 이해하게 될 것이다! "불가不假"란 어떤 한 법문의 도움도 빌릴 필요가 없다는 것으로 바로 한마디 아미타불을 끝까지 염하면 마음을 밝혀 견성하게 된다. "심개心開"는 명심견성明心見性・견성성불見性成佛이다. 이것이 대세지보살께서 우리들에게 가르치신 방법이다. 이 밖에 다른 무엇이 필요하겠는가?

연지 대사께서는 만년에 확철대오하셨다. 연지 대사께서는 "3장 12부는 다른 사람이 깨닫도록 양보하고, 8만4천 수행은 다른 사람이 수행하도록 양보하라(三藏十二部 , 讓給別人悟 , 八萬四千行 , 饒與他人行)"라고 말씀하셨다. 연지 대사께서는 만년에 단지 『아미타경』 한 부만 있었고, 한마디 부처님 명호와 함께 하셨다. 철저히 내려놓으셨다. 이것이 진정한 깨달음으로 우리들의 모범이다. 연지 대사께서 하신 몇 마디 말씀을 매우 많은 사람들이 모두 이해한다고 믿지만, 이 두 마디 말씀에 담긴 깊은 뜻을 진정으로 체득할 수 있는 사람은 그리 많지 않다. 체득할 수 있으려면 반드시 연지 대사와 같아야 한다.

나는 2년간 『대장경』을 인쇄하여 대륙 각 사찰 단체에 기증하였다. 그러나 나 자신은 곧 전적으로 『무량수경』만을 유통하였다. 내가 이 경을 알았기 때문에 3, 4년간 대개 30여만 부 인쇄하였다. 종전에는 눈앞에 놓여있는데도 그 물건을 알아보지 못했지만, 현재 비로소 또렷이 이해하게 되었다. 무량수경은 제불여래께서 중생을 제도하여 불도를 이루게 하시는 제일의 경이다.

🔅 연사蓮社가 여산廬山에 이미 세워졌다. 당송唐末 이전에 정종淨宗의 번성은 모두 이 경을 종宗으로 삼아 숭상하였다. 옛 책은 산실되어 12역본 중에서 단지 5역본만이 남았다. 문사文詞에는 상세하고 간략한 것이 있다. 의제義諦에는 다르고 같음이 있어서 초발심의 학인은 이를 두루 독송하기가 어렵다. 단지 한 가지 역본만 수지하여서는 심오한 뜻을 살피지 못한다.

[講] 『무량수경』은 중국에서 거의 1천여 년 가깝게 아무도 제창한 사람이 없었다. 정종의 경론 중에서 모든 이의 소의경전은 바로 『아미타경』이었다. 『관경』은 비록 유통되었지만, 강설한 사람은 적었고 독송한 사람도 적었다. 『관경』에 따라 수행하는 사람을 나는 아직 들어본 적이 없다. 정토종에서 이렇게 중요한 경전(무량수경)을 왜 아무도 선양하지 않았는가? 바로 그것의 번역 판본이 너무 많기 때문이다. 5종 판본을 모두 합쳐서 보려면 과거에는 확실히 쉽지 않았다. 만약 오직 한 판본만 본다면 뜻은 원만하지 못하다. 이것이 대경(무량수경)이 두루 유통될 수 없었던 원인이다.

타이완에서 이병남 노거사께서 한평생 정토를 홍양弘揚하셨을 때 5종 원역본 중 단지 2종만 보았고, 여전히 3종은 본 적이 없었다. 그는 4종 회집본에서 3종만 본 적이 있고, 위원魏源 거사의 판본은 본 적이 없었다. 그래서 9종의 판본에서 그는 모두 합쳐서 단지 5종만 보았을 뿐이고, 4종은 일생동안 본 적이 없었다.

도원道源 노법사께서는 한평생 정토를 한결같이 홍양하셨다. 도원 노법사께서는 한평생 9종 판본 중에서 단지 4종만 보았고, 5종은 보지 못하셨다. 기타 전수 · 전홍이 아니었음은 미루어 짐작할 수 있다. 단행본이 유통되지 않기 때문에 확실히 두루 독송하는 것은 매우 어려웠다. 독송하고 싶다면 오직 『장경藏經』을 독송하여야 한다. 현대인이 인쇄한 『장경』은 모두 너무 작은 글씨라서 노법사나 그분처럼 연령이 높으신 분은 보기가 힘들어서 볼 수 없다. 바로 이런 이유 때문에 우리들은 9종의 다른 판본, 즉 5종의 원역본과 4종의 회집본을 모두 같이 합본하여 인쇄하였다. 현재 동수 한 분마다 모두 연분이 있어 이 책을 한 권씩 가지고 있으므로 옛날 사람들에 비해 행운이다! 옛날 사람들은 한평생 이들을 만날 수 없었지만, 우리들은 이 시대에 완전히 수집하였으니, 복덕·인연이 확실히 옛날 사람들보다 훨씬 크다.

왕용서王龍舒 거사께서는 제일 먼저 회집본을 지으신 분이다. 그가 회집한 판본의 제명은『대아미타경大阿彌陀經』으로 단행본으로 유통되었고, 회집이 매우 잘 되었다. 그러나 인광印光 조사께서 왕용서 판본, 팽제청彭際淸 판본, 위원魏源 판본에 대해 모두 비판하셨는데, 이로써 회집본 유통이 확실히 쉽지 않음을 알 수 있다. 그의 비판은 매우 일리가 있다. 서문에서 잘 설명이 되어 있어 여러분이 자세히 보면 명료하게 이해할 것이다. 회집은 번역과 다르다. 번역은 그 안에 사용된 문구를 자신이 고려할 수 있지만, 회집은 다른 사람이 번역한 원문을 결코 한 글자도 변경할 수가 없다. 이 세 분 대덕들은 원문의 자구를 바꾸어서 원역에 비해 더 잘 고쳤지만, 인조(인광 조사)께서 매우 불만이셨다. 불만인 이유는 어디에 있는가? 그들이 제대로 회집하였는지가 문제가 아니라 그들이 이후 사람이 마음대로 경을 바꾸는 선례를 남긴 것을 걱정하셨기 때문이다. 예컨대 번역이 제대로 되지 않아 간경(看經 수행)을 하면서 한 문구를 잘 이해하지 못하여 내가 그것을 잘 이해할 수 있도록 몇 글자를 바꾼다. 내가 몇 문구를 고치고, 이런 경이 전해진 후에 완전히 변질된다. 그래서 이런

---

3) "간경(看經)은 경전을 읽고 듣고 옮겨 쓰는 등 여러 가지 방법으로 부처님의 가르침을 두루 익힘으로써, 수행자로 하여금 마음에서 허물이 생기는 것을 막아줄 뿐 아니라 사람들을 바른 길로 인도하는 수행법이다. 즉, 간경은 경전을 통해 불법을 공부하는 것으로, 생각으로만 부처님의 말씀을 익히는 것이 아니라 생활을 통해 그 말씀이 몸과 마음에 배도록 하는 수행인 것이다." -성상현 법사의 간경(看經) 수행법 참조

풍조가 커져서는 안 되고 이런 사례를 남겨서도 안 된다는 것이 인조께서 회집을 강력히 반대하신 이유이다.

이 경은 하련거 노거사께서 회집하신 것으로 회집본이다. 나는 이 경을 중화민국 48년(1959년)에 얻었다. 내가 이병남 노거사를 가까이 모신지 2년차로 마침 출가한 해였다. 스승님께서 그가 종전에 강설한 적이 있는 정토대경의 미주약해眉註略解를 나에게 주셨다. 나는 이를 보고난 후 매우 기뻐서 타이베이로 가지고 가서 이 경전을 강설하고 싶었다. 나는 처음 10년간 매번 강경할 때마다 모두 스승님께 보고 드려야 했었다. 그 당시 스승님께서는 나에게 일러주셨다. "너는 이 경전을 현재 강설해서는 안 된다. 왜 그런가 하면 인연이 성숙하지 않았기 때문이다."라고 말씀하셨다. 스승님께서는 "너는 현재 불교에서 명성·인망·지위가 모자라고, 이 경은 회집본으로 인광 대사께서 반대하신 것으로 네가 강설하려면 불교계에서 반드시 매우 많은 사람에게 비판이 있을 것이다."라고 말씀하셨다. 나는 이 말씀을 듣고서 매우 일리가 있다고 느꼈다. 그래서 이 경을 내려놓았고, 『능엄』을 강설하고, 『화엄』을 강설하였다. 『화엄경』을 17년 강설한 후 다시 이 경을 강설하기 시작했는데, 뒷말하는 사람이 없었다.

확실히 나의 기초는 『능엄』·『화엄』에서 다져졌다. 그래서 이후 이 경을 다시 독송할 때 비로소 진정으로 본질을 파악하여 이해하였고, 있는 힘을 다해 이 경을 홍양할 수 있었다. 비록 무량수경을 홍양하였지만, 타이완과 해외에서 나 한 사람만 강설하였을 뿐이다. 재작년(1988년)에 미국 워싱턴에서 황념조 거사를 우연히 만났는데, 그도 강설하고 있음을 알았다. 동지 한 사람을 찾은 셈이었다. 그는 기뻐했고, 나도 기뻤다. 그는 국내에서 이 경을 홍양하고 있었고, 나는 해외에서 홍양하고 있었으니, 뜻이 같고 생각이 맞는 사람을 찾았음을 비로소 알게 되었다.

이로써 경전은 회집할 수 없는 것이 아님을 알 수 있었다. 회집은 반드시 해야 하는 것이지만, 원역의 문자를 고칠 수 없는 것으로 이것은 가장 큰 금기이다. 그 다음은 바로 회집할 때 취사는 타당하지 않다. 이것은 지견知見이고 학문이다. 만약 회집해서는 안 된다고 말하면 첫 번째 회집한 사람은 왕용서 거사이다. 『용서정토문龍舒淨土文』 앞면의 초상화를 보면 그는 서서 왕생하셨다. 이로써 회집을 하는 것이 마땅함이 증명되었다. 회집이 적절한지 적절하지 않은지는 물론 별도의 문제이다. 앞쪽의 세 분 회집본도 모두 결함이 있었기 때문에 모두 지극히 아름답고 더할 것이 없는 판본(盡美盡善, 선본善本)은 아니었다. 그래서 하련거 거사께서는 발심하여 거듭 새롭게 다시 교정하고 거듭 새롭게 배열하셨다. 이것이 바로 본경(무량수경 선본)이다.

🌸 먼지로 꽉 찬 대장경을 지송하는 자는 드물다. 비록 조위曹魏의 강승개 법사가 번역한 것에 대해 자세히 두루 보았다 일컫지만, 한漢·오吳·당唐·송宋 4역본의 의지意旨 또한 강승개 역본에는 없는 것이 있다. 예컨대 48원 중에 가장 중요한 것은 제24 「연화화생蓮花化生」원과 제22 「국무부녀國無婦女」 두 서원인데, 한漢·오吳 역본에는 있지만 조위曹魏 역본에는 없다. 팽이림 거사께서 무량수경을 천양하는 자는 적은데 실은 완본完本이 없는 까닭이라고 말씀하셨는데, 이는 빈말이 아니다.

✿ 왕팽위王彭魏 세 사람의 절회본4)은 모두 지극히 아름답고 더할 것이 없는 판본에는 미치지 못하였다. 이는 황초자黃超子 거사가 말한 바와 같다.

[講] 이미 지극히 아름답고 더할 것이 없는 판본이 아니어서 후인들이 그들의 판본에 대해 비판하였다.

✿ 이 경을 회집하는 것은 쉬운 일이 아님을 알 수 있다.

[講] 아래에 매광희 노거사께서 6가지 회집이 갖추어야 할 조건을 말씀하셨다. 이 6가지 조건을 구축하여야 비로소 회집할 자격이 있다.

✿ 첫째, 반드시 교법에 대한 안목(敎眼)이 원만하고 밝아서 진제를 비추고 속제에 통달하여야 한다.

[講] 이는 상당히 쉽지 않은 조건이다. 반드시 수행이 있고 증득이 있어야 하며 수행이 있고 증득이 없으면 안 된다. 선가에서는 「명심견성明心見性」을 말하고, 정토에서는 「일심불란一心不亂」을 말한다. 이런 사람이라야 자격이 있다. 이는 보통사람이 해낼 수 있는 것이 아니다.

---

4) 1. 『대아미타경大阿彌陀經』: 용서龍舒 왕일휴王日休의 교집본校輯本 2. 『무량수경無量壽經』: 팽제청彭際淸의 절교본節校本 3. 『마하아미타경摩訶阿彌陀經』: 위원魏源의 회역본會譯本이다. (원명原名은 『무량수경無量壽經』이었는데, 나중에 왕음복王蔭福 거사의 교정을 거침과 동시에 지금의 명칭으로 고쳐짐)

❀ 둘째, 반드시 여러 서적에 깊이 통달하여 문자에 깊어야 한다.

[講] 이것은 바로 세간·출세간의 전적典籍에 대해 모두 통달할 수 있어야 함을 말한다. 종宗에 통하고, 교教에 통하지 않으면 이를 해내기가 어렵다.

❀ 셋째, 반드시 정종법문에 대해 오랫동안 한결같이 수행한 공덕이 있어야 한다.

[講] 본경은 정토종 제일의 경이다. 정종법문에 대해 진정한 수행이 있어야 한다. 진정으로 일심불란(사일심불란事一心不亂이 아니라 이일심불란理一心不亂)에 이르지 못하면 해낼 수 없다. 이일심불란理一心不亂이면 바로 원교의 초주初住이상 보살이다. 그래서 분명코 보통사람이 해낼 수 있는 것이 아니다.

❀ 넷째, 반드시 5종 원역본에 대해 마음속으로 분명히 이해하여야 한다. 다섯째, 반드시 왕王·팽彭·위魏 세 사람의 절회본節會本에 대해 그 득실을 통찰하여야 한다.

[講] 이것은 바로 5종 원역본과 과거 세 분의 회집본에 대해 그것들의 장점과 결점을 모두 명료하게 이해하여야 한다.

❀ 여섯째 반드시 송명宋明 대에서 청淸 대에 이르기까지 남북 각각의

장본藏本 및 국내외 간행본에 대해 상세히 교감(校勘; 판본비교 및 차이糾명)하여야 비로소 집필할 수 있다.

[講] 이상 여섯 가지 조건이다. 이는 매우 어렵다. 특히 앞쪽의 세 조건은 공부이고, 뒤쪽의 조건은 학문이다. 학문의 경우 현대인은 노력하여 해낼 수 있지만, 앞쪽의 세 조건은 법신대사의 공부이다. 아라한도 해낼 수 없고, 권교보살도 몫이 없다. 이로써 하련거 노거사께서 어떤 분이셨는지 알 수 있을 것이다. 황념조 노거사께서는 그의 전기를 발표하지 않으려고 하셨다. 나 개인의 추측으로는 하 노거사께서는 등각보살이 아니라 십지보살께서 다시 오신 분으로 절대 보통 사람이 아니다. 그의 사명은 바로 이 경을 회집하여 말법시기 수천수만의 중생을 제도하기 위해 오셨다. 이 회집본이 없다면 『무량수경』은 확실히 독송하기 매우 어렵다. 이 경은 비로소 『무량수경』의 집대성이자 확실히 지극히 아름답고 더할 것이 없는 판본(선본)이다. 이 경에 따라 수학하면 그 감응이 진정으로 불가사의하다!

✿ 이상 여섯 가지 조건을 갖춘 사람은 오직 나의 학불 도반인 하련거 사형뿐으로 그만이 부끄럽지 않을 수 있다.

[講] 이것은 매광희 거사께서 말씀하신 이야기이다. 노거사께서는 만년에 하련거 노거사에게 절을 하고 스승으로 모셨다. 이 일을 아는 사람은 매우 적다(황념조 노거사가 나에게 알려주신 것이다). 매광희 대사께서는 사형에 대한 찬탄이 지극하였음을 알 수 있다.

❁ 이것이 내가 그 회집본에 대해 거듭 찬탄하는 까닭이다. 나는 이 책이 아직도 빨리 보편적으로 유통되지 못하고 있는 것에 대해 매우 애석하게 생각한다.

❁ 나는 지금 정종(정토법문)을 수행하는 사람이 소본 아미타경만 수지하고 있고, 소본도 진秦역본만을 수지하고 있음에 늘 탄식한다.

[講] 진역秦譯은 바로 구마라즙鳩摩羅什 대사의 역본이다. 소본小本 아미타경은 현장玄奘 대사 역본5)도 있다.

❁ 법장 비구께서 발심·수학한 인연(因地)에 대해 질문하면 잘 모른다. 누가 무량수이고, 누가 무량광인가? 하고 물으면 갑자기 멍해진다. 오탁악세의 악과 고통, 왕생의 정인正因, 명호를 수지하는 방법에 대해 물으면 또한 눈이 휘둥그레지며 아무런 반응이 없다. 더 나아가 의정장엄, 수행차제修行次第에 대해 또 칠보연못 팔공덕수, 3배9품三輩九品, 48원의 이름을 대충 들어서 그 내용에 대해 물어보면 여전히 잘 모른다.

[講] 이것이 일반적인 정토의 현상이다. 그래서 염불하는 사람은 많지만 왕생하는 사람은 적다. 원인은 어디에 있는가? 여러분들도 몇 번 읽으면

---

5) 현장 대사 역본에 대한 주석서로 『아미타경 심요』(비움과소통, 2016)를 참조하라.

분명히 이해할 수 있을 것이다. 이 법문은 고덕께서 "만인이 닦으면 만인이 간다(萬修萬人去)"라고 말씀하셨는데, 왜 현재는 일만 사람이 닦지만 두세 사람만이 왕생하는가? 이치가 여기에 있다. 이 법문에 대해 완전히 철저히 이해하지 못하고 있기 때문이다.

❀ 아! 이치에 아직 밝지 못한데, 믿음이 어찌 깊을 수 있겠는가?

[講] 이치를 또렷이 이해하지 않으면 「믿음信」은 당연히 모자랄 수밖에 없고, 「발원願」은 더욱 말할 수 없으며, 「행行」은 혹 있기도 하고 혹 없기도 하다.[6] 이렇게 정토를 닦으면 단지 서방극락세계와 법연을 맺었다고 말할 수 있을 뿐이고, 이번 생에 왕생을 할 수가 없다.

❀ 믿음이 아직 견고하지 못하면, 일문으로 깊이 들어가 다른 생각에 미혹하지 않으려고 해도 어렵다. 일심불란에 도달하여 대경안大輕安을 얻으려도 해도, 대해탈을 얻기 위해 움직이지도 흔들리지 않으려고 해도, 일향전념一向專念하려고 해도 또한 어렵다.

---

6) "초기에 학불하는 사람은 반드시 이치를 밝히고 믿음을 내는 곳(明理生信處)으로부터 시작하고 신심이 이미 깊으면 반드시 간절히 발원하여야 한다. 원심이 간절하면 반드시 바른 행을 일으켜야 한다." 황념조黃念祖 거사, 『불법의 기본과 요경要經』. 『아미타불 현세가피』(비움과소통, 2016) 부록 「깨달음으로 가는 길의 여정」 참조.

❧ 현상은 이와 같아서 보편적으로 크게 홍양하려고 해도, 마구니와 외도를 절복시키려고 해도, 과학지식 계급을 정종의 문에 머리 숙이게 하여 뜻을 굽히게 하려고 해도, 이것은 특히 어렵고도 어려워 거의 불가능하다.

[講] 1983년 나는 처음 미국에 와서 홍법하였다. 미국의 동학들께서는 나에게 일러 주셨다. "제발 정토법문을 강설하지 말아 주십시오. 왜냐하면 믿는 사람이 아무도 없기 때문입니다. 만약 아미타불을 독송하라고 말하면 사람들에게 조롱을 당할 것입니다." 나는 "그렇다면 무엇을 강설할까요?"라고 물었다. 그래서 나는 미국에 도착하여 『육조단경』・『금강경』・『화엄경』・『법화경』을 강설하였다. 내가 강설을 마친 후 다시 모두에게 정토를 소개하였다.

나는 "여러분들은 정토경론을 경시해서는 안 됩니다."라고 말했다. 내가 타이베이에서 두 번째 『아미타경소阿彌陀經疏鈔』를 강연하고 녹음테이프를 남겼는데, 90분 녹음 테이트가 모두 총 335개였다. 『아미타경』 한 부를 매일 한 차례 강설하여 거의 날마다 1년을 강설하였다. 나는 자세히 강설하지 않았다. 자세히 강설하면 분량만 한 배 더 증가하는 것에 지나지 않을 것이다. 모두 듣고서야 비난하지 않았다. 그래서 반드시 이론을 철저히 명료하게 한 다음 일문에 깊이 들어가야 비로소 자신을 이롭게 하고 남을 이롭게 할 수 있다.

❧ 위없이 깊고 깊으며 미묘한 정토법문이 마침내 일반 잘못된 인식을

가진 부류들에게는 부정적인 염세관, 자기 힘으로 임종을 지키는 도구로밖에 보이지 않기에 어찌 슬프지 않겠는가! 무슨 까닭인가? 불제자들이 무량수경을 독경하지 않은 까닭이고, 무량수경을 널리 유통하지 않은 까닭이다. 무량수경에는 완본完本이 없어 각종 원역본을 두루 관할 수 없는 까닭이다. 세 사람의 절회본이 또 모두 지극히 아름답고 더할 것이 없는 판본(선본)에 미치지 못하기 때문이다. 이것이 나의 사형인 하련거 공께서 모든 인연을 사절하고, 천번만번 연구하고 생각하여, 원고를 열 번이나 바꾸어 가며 한 판본으로 회집을 이룬 총인總因이다. 그 판본이 무엇인가? 바로 『불설대승무량수장엄청정평등각경佛說大乘無量壽莊嚴淸淨平等覺經』이다.

※ 어떤 이는 이 판본이 나와서 각각의 역본이 장차 폐기될 것이라고 말한다. 원역본이 어떻게 폐기되겠는가! 원역본이 있지 않고 어떻게 그 판본을 이루겠는가? 라고 나는 말하겠다. 왕·팽·위 세 판본이 이미 세상에 나왔어도 옛 역본은 폐기되지 않았는데, 누가 이 판본이 옛 역본을 폐기할 것이라 말하는가? 5종 역본의 먼지로 꽉 차있는 공간(際)을 염려하지 말고, 옛 판본이 장차 드러나는 시간(時)을 염려하라. 이것은 진실로 어떤 마음이겠는가!

게다가 연공蓮公의 이 판본은 바야흐로 행자들에게 두루 각 역본을 관하여 널리 법익을 얻게 하고, 마음의 눈을 넓히며, 신향信向[7]을 굳게 하도록 인도하여, 지송하는 사람이 없었던 옛 판본의 광명이 세상에 드러나게 할 것이니, 이것은 부처님의 깊은 은혜에 보답하기 위해 고심한 것이다.

나는 바로 서문의 이 몇 마디 말씀을 보고서 비로소 『정토오경독본淨土五經讀本』을, 5종 원역본과 4종 회집본 모두를 한 곳에 수록하여 편집 인쇄하기로 마음먹었다. 『아미타경』은 구마라즙 대사 역본, 현장 대사 역본, 하련거 노거사의 회집본(2종 역본의 회집본) 3종의 판본이 있다 『아미타경』 3종 판본과 『무량수경』 9종 판본을 모두 『정토오경 독본』에 수록, 인쇄하여 동수 여러분께 공양하였다. 이 단락을 읽고서 비로소 확실히 필요성이 있다고 생각이 들어 여러분들에게 이 판본에 대한 진정한 믿음을 낼 수 있도록 하였다. 인조께서 가리키신 결점은 이 판본에는 전혀 없다. 너무나 애석하게도 이 판본을 인쇄하여 유통할 때(1946년) 인조께서 이미 왕생하셨다(1940년). 만약 그렇지 않았으면 인조께서 이 판본을 보시고 반드시 고개를 끄덕이며 유통해도 좋다고 생각하셨을 것이다.

인조께서 계시지 않지만 모든 원본이 여러분 앞에 놓여있으니, 여러분 스스로 체험하면 비로소 이 판본이 확실히 좋음을 알게 될 것이다. 과거 세 사람의 결함은 이 판본에는 모두 없으므로 본경에 대해 비로소 믿음을 낼 수 있을 것이다. 만약 의심을 품는다면 이익을 얻을 수 없다.

---

7) 삼보를 믿어 의심치 않고, 이것에 귀의하는 것.

🌺 어떤 이는 또 고본古本은 전체가 48원이지만, 지금 결국 24원으로 고친 것은 어떠한가? 라고 말한다. 나는 자신도 모르게 답하였다. "그대는 이 말을 들어보라. 그대는 지금 판본에 대해 일찍 펴서 읽어본 적이 없을 뿐만 아니라 5종 원역본도 또한 훑어보지도 않았다." 한漢 · 오吳 두 역본 원문은 모두 24원이고, 위魏 · 당唐 두 역본은 48원이며, 송宋 역본은 36원이다. 대강 훑어보면 위 · 당 역본은 광설한 것이고, 한 · 오 역본은 약설한 것이지만, 자세하게 분별하면 한 · 오 역본은 가득하고, 위 · 당 역본은 모자라다. 24원으로써 24원 뿐만이 아니고, 48원도 48원으로 삼기에 부족하다. 위 · 당 두 역본을 따르는 것은 어떤가? 이미 부족할 뿐만 아니라 복잡하다는 문제가 있다. 한 · 오 두 역본을 취하고 보충하는 것은 어떤가? 경을 고친다는 언짢은 일을 무릅쓰고, 연공이 이것을 마침내 회집하셨다. 오랜 세월 결정하지 못한 채 잠자고 먹는 것도 모두 줄였다고 한다. 마침 나와 혜명 노법사께서 그때 전후로 북쪽으로 와서 연공이 머무는 곳에서 만났다. 이에 세 사람이 공동으로 상세히 참구하여 또 다시 불전에서 제비를 뽑아 시행할 것을 결의하였다. 한 · 오 두 역본을 받들 것을 결정하고서 24를 강綱으로 삼고 48을 목目으로 삼아, 그 강을 들면 이미 한 · 오 역본과 같고, 그 목을 헤아리면 위 · 당 역본과 견주어 갖추었다. 모자라지도 넘치지도 않게 마침내 이것을 이루었다. 묻는 자는 아무것도 모르는 사람이어서 뭐라고 하지 못하였다. 문리에 약간 통한 자라면 원역본을 상세히 보면 스스로 분명히 알 수 있으니, 굳이 나의 쓸데없는 말에 기댈 필요가 없을 것이다.

혹은 또 묻는다. "초판본과 재판본, 두 본이 다르다. 어떤 것을 표준으로 삼아야 하는가?" 나는 말하겠다. "뒤의 것이 앞의 것보다 뛰어나다. 이는 재론할 필요가 없다." 초판본은 유통이 허락되지 않았고, 재판본은 바야흐로 정본定本이 되었다. 연공이 그날 한 말은 이미 초판본 서문에 있다. 게다가 앞의 판본은 이미 완벽해졌다. 보는 자는 얻는 이익이 실로 많을 것이다. 재판본은 끊임없이 개선되어 그 효과는 마땅히 더 보편적이다. 그리고 이번에 장구章句를 나누는 것이 늘어났지만, 대체로 전과 다름없다. 즉 병행하여도 또한 다시 어찌 장애가 되겠는가? 용서 거사께서 4역본을 회집한 본이 2개가 병존하고 팽이림 거사가 위역을 회절한 판본이 한 번 더 간행되었다. 어느 것이 더 좋은가? 질문에 팽이림 거사께서는 "대장경의 모든 경전을 차례로 상고하건대 옛 기록은 혹 다시 고치고 다만 정당함을 구할 뿐, 어찌 자세히 살피는 것을 꺼리겠는가?"라고 말했다. 그러나 만약 계속 인쇄한다면 마땅히 정본으로 굳어진 증거가 될 뿐이다.

또 어떤 이는 묻는다. "세 사람의 회절본의 이름이 혹 무량수이고, 혹 대아미타이며, 혹 마하아미타인데, 지금 판본에서 세운 이름은 군더더기가 없지 않은가?" 나는 반대로 묻는다. "그대는 경명에 제가諸家를 표준으로 삼았는가? 원역본을 근거로 삼았는가? 삼가 살펴보면 한역본에서 송역본까지 12개 역본 중에서 무량수로 이름을 삼은 것은 7개 역본이고, 평등각을 이름으로 삼은 것이 3개 역본이다. 그래서 최초

한 개 역본의 이름이 『무량청정평등각경』이고 최후 한 개 역본의 이름은 『불설대승무량수장엄경』이다. 그 중 오 역본의 경명이 가장 길어 총 20글자이다. 왕거사 회집본에는 아미타에 대자를 추가하였는데 이미 근거가 없었다. 팽위彭魏 두 회집본은 모두 이름이 『무량수경』이었는데, 또 원역본과 서로 범람한다는 느낌이었다. 나중에 왕음복王蔭福 거사가 위 역본을 취해 충론衷論을 삼아 "마하" 두 글자를 앞에 덧붙이고, 특히 근거 없이 저술하는 것을 싫어했다. 연공蓮公은 이 회집본에서 전후 두 이름을 직접 결합하여 한 자도 움직이지 않아 이미 지어낸 것이 아니고 또 지극히 이미 갖추어 진 것이다. 고본古本과 섞이지 않을 뿐만 아니라 제가諸家와 다르다. 경명을 한번 부르면 12가지 원역본의 이름이 모두 그 가운데 포함되어 있을 뿐만 아니라 경전 전체의 큰 뜻이 일목요연하다. 본경뿐만 아니라 소본과 관경의 대의 또한 그 안에 있다. 대개 일심불란一心不亂, 심작심시心作心是8)는 모두 자기(自己; 자성) 무량수無量壽의 심체가 아님이 없고, 아미타 무량수阿彌陀無量壽의 대원과 계합한다. 자심自心을 장엄하고, 자심을 청정히 함으로써 보편평등을 기약함으로써 스스로 깨닫고 다른 사람을 깨닫게 할 뿐이다. 옛날의 이른바 지혜로운 이들은 경전 이름을 보고 곧 전체 뜻을 알았고, 바쁜

---

8) 심작심시心作心是는 『관무량수경』에 나오는 말이며, 이는 바로 정종이론의 핵심입니다. 부처님은 자신의 진심眞心이며, 본래 그대로 부처님이니, 현재 부처님을 생각한다면 어찌 성불하지 않을 수 있겠는가? –정공 법사, 『불설대승무량수장엄청정평등각경 친문기』

사람은 경전 제목을 보고 또 이익을 얻는다 하였다. 아! 경전 이름이 관계하는 것이 이와 같은데, 하물며 전체 경의 문구이랴? 경전 이름의 뜻이 깊고 넓음이 이와 같은데, 하물며 전체 경의 의지意旨이랴? 연공이 대경을 회집할 때 신중하고 또 신중하여서 단 한 자의 글자라도 소홀히 함이 없었다.

이상 대답한 것은 모두 내가 예전에 연공께 들은 것으로 지금 모두 알려주고자 거론한 것이다. 이에 들은 사람은 흔쾌히 청하여 말했다. "서론을 듣고서 의심이 얼음 녹듯이 풀렸습니다. 연공께서 이 본경을 회집하고 나서 다시 보여줄 수 있겠습니까?" 나는 "좋습니다! 그것을 약술하여 배우는 이에게 도움이 되도록 하십시오."라고 답하였다.

✤ 나와 연공은 10년을 함께 관직에서 지냈고, 30년을 함께 학불하였다.

[講] 매 노거사께서는 하 노거사와 오랜 친구이시다. 그들은 10년을 함께 관직에서 같이 지내셨고, 30년을 함께 같이 학불하셨으니, 30년 오랜 도반(同參)이셨다.

✤ 삼귀의 · 계율을 함께 받았고, 종문 기숙(耆宿, 나이가 많아 덕망과 경험을 쌓은 이)께 함께 경건히 참여(參叩)하였다. 그리고 밀종 대덕께

함께 관정을 받았고, 혜명 노법사님 좌하에 함께 인증을 받았다. 일평생 벗으로 유교와 불교에 깊이 들어감에 연공이 으뜸이었고, 진실로 나의 참된 벗이었으며, 또 나의 경외하는 벗이었다.

[講] 하련거 노거사는 그의 일평생 존경하는 오랜 벗이었다. 여기서 언급한 「혜 노법사慧老法師」는 바로 혜명慧明 노화상으로 『혜명 노화상 계시록慧明老和尚開示錄』이란 소책자가 매우 널리 유통되었다. 바로 혜명 노법사께서 두 분에게 인증을 주셨다.

※ 그 힘으로 수많은 인연을 물리침에 이르러 10년간 빗장을 걸었다.

[講] "빗장을 닫아걸었다"란 폐관閉關이다. 하련거 노거사께서는 이 경을 회집하실 때 10년간 폐관하셨다. 이는 매우 쉽지 않은 일로 아무렇게나 성취할 수 있는 것이 아니다.

※ 정종의 요지에 대해 오묘한 이치를 깊이 연구하여 앞선 사람이 드러내지 못한 뜻(未發之蘊)을 드러내었다. 또한 지극히 힘들고 어려운 시간 동안 법으로 몸을 잊어버렸다. 실로 다른 사람이 존경하고 탄복할만 한 분이다. 이른바 교법에 대한 안목이 원만히 밝았고, 문자에 깊었으며, 한결같이 공을 들여 오랫동안 수행하였고, 원역본을 두루 탐색하여 모든 판본을 환히 살펴보았으며, 각 장藏 등을 망라하여 모두 앞글에서 서술된 것을 보고, 그 시작에도 신중하고 마침에도 정중하였으며, 마음과

정력을 다한 결과 성취로 이어졌고, 또 사람이 미치지 못하는 것에 이르렀다.

[講] 그분이 회집하실 때 진지하게 책임감을 가지고 이렇게 긴 시간을 보내셨다. 초고는 폐관 3년에 완성되었고, 이후 끊임없이 재수정을 하였다. 우리들이 현재 판본은 그의 정본定本이다. 초판은 중화민국 25년(1936년)에 유통되었다. 자주慈舟 법사께서 제남濟南에서 한 번 강설하신 적이 있고, 게다가 과판科判도 있었다. 자주 법사께서는 타이완에 2명의 제자가 있었는데, 모두 매우 명성이 있었다. 그 중 한 사람이 도원道源 노화상이고, 이미 왕생하셨다. 그 밖에 한 분은 참운懺雲 노법사이다.

자주慈舟 노화상의 과판은 내가 금년에 비로소 보았다. 황념조 노거사께서 한 부 가지고 있는 것을 나에게 주셨다. 나는 타이완에서 인쇄한 『무량수경』에서 자주 노화상의 과판을 뒷면에 첨부하였다. 자주 노화상의 과판에서 우리들은 초판의 면모를 볼 수 있다. 현재 우리들이 독송하고 있는 정본과 차이가 적지 않다. 이것은 하련거 노거사 이후 적지 않게 정보와 수정을 거쳤고 게다가 분分·장章·목目이 있었다. 초판 때는 분分이 없었다.

※ 바야흐로 그 일의 처음부터 불단佛壇을 청정히 하고 결계結界하며, 향광香光으로 장엄하고, 정성이 담긴 주수呪水로 가지加時를 받아, 안팎을 단정하고 깨끗하게 하고서 깊고 지극한 마음(冥心)으로 홀로 이르러 수많은 인연을 함께 물리쳤다. 집필함에 반드시 먼저 예불하고, 앉거나 눕거나 칭명을 여의지 않았으며, 오랜 세월이 흘러 인물을 보기 드물었다.

『관희염불제시(歡喜念佛齋詩)』에서 이른바 "온통 방안에서 오직 부처님께 공양을 드리며 3년을 내려가지 않았다(一室唯供佛 , 三年不下樓)"는 문구는 아마도 실제 기록일 것이다.

❋ 그러므로 그 95,070자의 5종 원역본 안에 있는

[講] 5종 원역본의 글자 수는 총 95,070 글자인데, 하련거 노거사께서는 이를 모두 매우 또렷하게 헤아릴 수 있었다. 이로써 우리는 하련거 노거사께서 대단히 세심하셨음을 알 수 있다.

❋ 현의(玄義)와 미언(微言), 뜻이 깊은 문구와 심오한 뜻에 대해 상세히게 참구하지 않은 말은 한 마디도 없으며, 서로 대조해보지 않은 글자는 한 글자도 없다. 반드시 적절하고 명확하며 확실하게 근거가 있도록 힘썼다. 그래서 원역본 속에 없는 뜻은 하나도 없고, 본경의 바깥으로 넘쳐흐른 문구도 전혀 없다. 난해하고 애매한 문구를 시원하게 분명히 드러내었으며, 번잡하고 쓸데없이 뻗어나간 문구를 간결하게 돌아가게 하였으며, 어지럽고 저속한 문구를 정돈되고 위엄있게 하였으며, 누락된 것을 원만하게 채워 넣었고, 어떤 아름다움도 모두 갖추게 하고 어떤 진리도 거두지 못함이 없는 것을 목표로 삼았다.

[講] 이 단락은 매 노거사께서 회집본에 대해 비평하신 글이다. 이 비평은

결코 과분하지 않고 바로 말씀하신 그대로이다. 비로소 이 판본의 회집이 잘 되었고, 회집이 진정으로 쉽지 않은 것이며, 재래인再來人(극락세계 보살의 화신)이 아니라면 결코 해낼 수 있는 것이 아님을 알 수 있다. 회집이기 때문에 역경에 비해 어렵고, 심지어 경을 주석하는 것보다 훨씬 더 어렵다.

우익藕益 대사께서는 어떤 사람이 다시 온 분인지 잘 모른다. 우익 대사께서는 『요해要解』를 지으셨다. 인광 대사께서는 "설사 고불古佛께서 다시 오셔서 『아미타경』에 주해를 지어 주신다고 해도 그 이상 뛰어넘을 수 없다"라고 『요해』를 찬탄하셨다. 인광 대사께서는 대세지보살이 다시 오신 분으로 알고 있다. 우리들이 짐작컨대 우익 대사께서는 아미타 부처님께서 다시 오신 것이 아니라, 적어도 관세음보살께서 다시 오신 것이다! 그렇지 않다면 대세지보살께서 이렇게 찬탄하셨겠는가!

중국인은 운이 좋게도 확실히 다시 오신 여러 제불·보살들을 많이 만났다. 세간에 응화應化하시어 우리들을 대신하여 불교의 전적을 정리하셨고, 우리들의 믿음을 다시 새롭게 건립하셨으며, 우리들로 하여금 일생에 제도케 하신 분들을 매우 많이 만났다. 이렇게 큰 은혜·큰 복덕은 확실히 몸이 가루가 되도록 갚아도 갚기 어렵다.

🪷 때때로 한 글자로 인해 편안함을 구하고자 열흘 내지 수개월 동안 결정하지 못하고,

[講] 이것은 취사取捨를 가리킨다. 5종 판본에서 저 한 글자를 취하기 위해서 열흘, 수개월 동안 결정하기가 매우 어려웠다. 그래서 그는 이

판본을 회집하기 시작해서 완성에 이를 때까지 10년의 시간을 사용했다. 이 판본의 글자 수는 그리 많지 않지만 10년의 시간이 지나서야 완성되었다! 그의 학문과 수행의 공부로 이렇게 긴 시간을 써야할 절도로 확실히 쉽지 않은 작업이었다.

❋ 날마다 불전에서 기도하며 시시때때로 여러 꿈속에 둘러싸여 지내기도 하였다. 이는 모두 광희 저 본인과 혜명 노법사가 직접 눈으로 본 것이다.

[講] 이것은 증명으로 혜명 노법사와 매 노거사께서 직접 눈으로 보신 것이다.

❋ 그러므로 그 정성에 감동을 받았으며 게다가 수차 상서로운 징조가 나타났다. 여기서는 세속 사람들을 놀라게 할까 두려워 구체적으로 인용하지 않는다.

[講] 이 몇 마디 말은 대단히 함축적이다. 하련거 거사의 감응은 실제로 많았을 뿐만 아니라 불가사의했다. 우리들이 인쇄한 황념조 노거사의 주해(『대경해』) 속에 하련거 거사의 사진이 한 장 들어 있다. 이 사진은 여러 차례 반복해서 인쇄되어 그리 뚜렷하지 않지만, 그의 머리 정상에 한 분 부처님 상이 있고, 신발 아래는 방광이 있음을 볼 수 있다. 원래 사진은 매우 또렷이 드러나 있었다.(74쪽 사진 참조)

현대인은 감응을 구하고, 신통에 환희하는 사람이 너무 많다. 그래서 황념조 노거사께서는 이 일에 대해 한 글자도 언급하지 않았다. 이는 매우 일리가 있다. 감응서상은 분명코 있지만, 그것에 상관할 필요는 없다. 중요한 것은 우리들의 마음이 청정해지는 것이다. 경의 제목에서 말한 「청정평등각」, 즉 심지가 청정하고 평등하며 깨달아 미혹하지 않는 것이 중요하다.

서문에서 우리들로 하여금 구세대의 함축을 보게 하는 것은 결코 신통감응으로써 과시하는 것이 아니다! 그래서 하련거 노거사의 사적을 지금까지 황념조 거사는 공포하지 않으려고 했고, 단지 개인적으로 우리들에게 이야기 하면서 외부 사람에게 말하지 말라고 재차 당부하셨다. 구세대는 지금 세대와 같지 않고 지금 세대에는 감응이 없으므로 남이 경멸하지 않도록 조금밖에 말하지 않았다. 유언비어를 퍼뜨려 사건을 일으켜서 어떻게 얻겠는가! 과거의 사람은 이런 일이 있어도 말하지 않으려고 했고, 당신에게 알리길 원하지 않으셨다.

✿ 그리고 그 완성을 알리는 것은

[講] 이것은 회집이 성취되었다. 이 판본이 완성되었다는 뜻이다.

✿ 문자는 간략하고 뜻이 풍부하며,

[講] 「문文」은 문자이다. 문자는 간략하고 경문은 길지 않을 뿐만 아니라

문자도 전혀 깊지 않다. 거의 사람마다 보고 알 수 있다. 이것은 매우 어렵고 진정으로 쉽지 않다. 「의풍의義風義」은 의사가 원만하다는 뜻이다.

❀ 이치가 드러나 있고, 문장이 유창하며,

[講] 「리理」는 보아도 그다지 깊지 않고 보고 알 수 있다. 문장은 대단히 막힘이 없어, 매우 유창하게 읽힌다.

❀ 눈에 또렷하고 입에 맞으며, 쉽게 기억하고 쉽게 수지할 수 있으며, 뜻이 깊어 이해하기 어렵다거나 고난이 두렵다거나 하는 근심이 없으며, 수승하고 왕생하기 쉽다는 느낌이 든다. 비록 그것을 선본善本이라 일컫지 않으려고 해도 불가득不可得이다.

[講] 이는 확실히 『무량수경無量壽經』의 가장 훌륭한 선본이다. 내가 북경에 있을 때 황념조 노거사께서 나에게 일러 주셨다. "이 시대 수행자(同修)는 정일함(精)을 중시하고 양(多)을 중시하지 않는다." 그래서 그는 바쁘고 시끄러움(熱鬧)을 주장하지 않았고, 또렷하고 청정하게 닦음(淸修)을 주장하셨다. "도량은 형식을 중시하지 말고 실질을 중시하라.(참배객이 매우 많고 신도가 매우 많은 것과 같은 바깥으로 드러나는 형식은 모두 중시하지 않는다) 수행은 감응을 중시하지 말고 신통을 중시하지 말며, 일심불란一心不亂을 중시하고 정념상계淨念相繼를 중시하라." 생각생각 우리들에게 진정한 수행을 가르치셨다. 그는 비록 밀종의 상사)일지라도 나에게 알려주셨다.

"대륙에 40년간 10억 인이 밀종을 배웠지만, 성취한 사람은 6명에 불과할 정도로 매우 어렵다." 그래서 그를 따라 밀종을 배운다면 그는 반드시 3부경을 읽으라고 요구할 것이다. "첫째 『무량수경』, 둘째 『아미타경요해』(우익 대사의 『요해要解』), 셋째 『보현보살행원품』을 독송하고 발원하여 정토에 태어나길 구하라. 밀종을 배우는 사람이 이 3부경을 착실히 독송 수학하지 않는다면 성취할 수 없다."

정토종을 수행하면 그는 단지 『무량수경』 한 부를 숙독하여야 하고 가르침대로 봉행하여야 한다고 가르칠 것이다. 게다가 그에게는 십여 명의 제자가 있는데, 그들은 병에 걸리거나 고난을 만나더라도 의사에게 치료를 받지 않고 약을 먹지 않는다고 내게 말해주었다. 병이 나을 때까지 줄곧 온 집안사람은 『무량수경』을 독송하고 관음보살 성호를 염한다고 했다. 제자들이 모두 나에게 확실히 이와 같다고 증명해 주었다. '이 경으로 병을 치료할 수 있다!'고 나는 믿는다.

그래서 몇 년간 나는 언제나 사람들에게 이 법문(무량수경)은 모두가 가장 희구하는 것이라고 가르쳤다. 무엇을 구하는가? 첫째 늙지 않음이요, 둘째 병들지 않음이요, 셋째 죽지 않음이다. 당신은 어떤가? 이 법문은 늙지 않고, 병들지 않으며, 죽지 않는 것이다. 당신은 기꺼이 믿어야 하고, 당신은 해낼 수 있다. 이 경의 공력은 실제로 불가사의하다. 나의

---

9) "황념조 거사는 일찍이 티베트 가줘(噶舉)파 고승인 공갈활불貢噶活佛에 의지했고 또 티베트 닝마파寧瑪派의 낙나활불諾那活佛의 재전제자再傳弟子였다. 공갈활불은 티베트 불교의 공인된 대성취자로 그는 황념조 노거사를 찬허讚許하여 대우하고 황념조 거사가 일체 밀종의 법본法本을 보도록 허락하셨다." -굉림법사宏琳法師 , 『환주답문幻住答問』

말을 믿을 수 있으면 나의 말에 따라 해보라. 모두 효과가 있을 것이다. 게다가 효과를 보는 속도는 실제로 불가사의하다. 3개월이면 효과를 보고, 6개월 후에는 확고한 믿음이 생기고, 업장이 소멸된다.

무엇을 업장業障이라 하는가? 전에는 날마다 정신을 차릴 수 없었고, 머리가 어질어질하였으며, 일이 생기면 얼이 빠졌는데, 3개월 후 원기가 왕성해졌고, 귀와 눈과 기억력이 좋아졌다. 이전에 하루에 12시간 잠을 자도 잠이 모자랐는데 현재는 3, 4시간 자도 충분하다. 이것은 업장이 소멸되어 나타나는 현상이다. 수많은 사람들이 이런 효과, 진실한 공덕, 경에서 말하는 「진실한 이익을 베풂(惠以眞實之利)」을 얻을 수 있음을 증명하였다.[10)

이 경에서는 무엇을 말하는가? 간단히 말하면 경에서는 3가지 진실을 말한다. 「진실의 궁극을 열어 드러내 보인다(開化顯示眞實之際)」. 이것은 선종에서 말하는 명심견성·견성성불이다. 「진실한 지혜에 머문다(住眞實慧)」. 당신이 이 경을 독송하고 아미타 부처님을 염하면 당신의 마음은 진실한 지혜에 머물고 바로 반야지혜에 머문다. 「진실한 이익을 베푼다(惠以眞實之利)」. 이 경은 우리들에게 진실한 이익을 준다. 일체 경에서 세 가지 진실을 말하는 것은 매우 적고, 오직 무량수경만이 이를 구족하고 있다.

❀ 매번 지송持誦할 때마다 문득 자신의 몸이 청정하고 장엄한 성에

---

10) 무량수경 수지독송 및 영험사례는 『아미타불 현세가피』(비움과소통, 2016년) 참조.

있는 것처럼

[講] 이것은 매광희 노거사께서 스스로 말씀하신 느낌이다. 매번 공경하는 마음(恭敬心)으로, 청정한 마음(淸淨心)으로, 진실하고 정성스러운 마음(眞 誠心)으로 본경을 염송할 때 마치 자신이 서방극락세계에 있는 것과 같다.

※ 한가롭게 연못과 보배수 사이로 거닐며, 자애로운 광명을 참배하는 듯하고, 법어를 경청하는 듯하고, 염송하는 사람은 권태로움을 잊고 경청하는 자는 기쁜 마음이 생겨서 본분에 따라 이해하고 각자 그 도량과 같다. 범부의 탁하고 좁게 갇힌 마음을 거두어서 성중과 함께 하는 경계에 들어가고, 망상의 생각을 전체 그대로 진여로 바꾸고 세속 티끌을 등지고 깨달음에 계합하는 행이 된다. 만약 무량수경을 수지 독송하고 말씀대로 닦으면 장래의 괴로운 과보를 뽑아내고 진실로 현재의 이익과 복을 획득하게 될 것이다. 진실로 정업淨業을 닦지 않는 자는 그 미묘함을 깨닫지 못하고 가르침의 바다(敎海)를 건넌 적이 없는 자는 아무도 그 깊이를 엿보지 못한다.

[講] 통과하기 가장 어려운 관문은 무량수경을 400독에서 500독까지 독송하는 것이다. 충분히 염송할 수 있게 된 후에 설사 당신에게 독송하지 말라고 권해도 이미 그렇게 할 수가 없다. 현재 타이완 북쪽에서 남쪽에 이르기까지 이 경을 독송하는 사람이 매우 많다. 하루 4번 독송하는 사람도 대단히 많고 10번, 13번 독송하는 사람도 몇 있으며, 4년 동안

1만 번 독송한 사람도 있다. 확실히 업장이 소멸되고 지혜가 열린다!

이 법문을 수학하든지 관계없이 불법은 어디서부터 들어가는가? 청정한 마음에서부터 들어간다. 마음이 청정하지 않으면 도에 들어갈 수 없다. 무량수경을 독송하면 당신의 분별·망상·업장의 생각을 돌려서 자성청정을 회복할 수 있다. 우리들이 구하는 「무량수無量壽」와 우리들이 바라는 「장엄莊嚴」(바로 원만하게 행복하고, 생활상에 갖가지가 흠결이 없으며, 모든 일이 원하는대로 이루어짐을 말한다)을 어디로부터 구하는가?

「청정淸淨」심, 「평등平等」심, 「각覺」심으로 모두 이 경의 제목에 있다!

마음이 청정하지 않으면 어떻게 행해야 하는가? 어떻게 청정한 마음을 회복하여야 하는가?

『무량수경』을 독송하라!

정업을 전수專修하는 사람은 타이베이·미국·남양에서 아침·저녁 기도 일과는 일반 도량과 다르다. 아침일과는 『무량수경』 제6품(곧 아미타불 48원)을 독송하고, 독송한 후 염불·회향·삼귀의 한다. 저녁일과는 『무량수경』 제32품에서 제37품까지 6품을 독송한다. 독송한 후 염불·회향·삼귀의 한다. 우리들의 아침·저녁 기도일과는 이렇게 작법作法한다. 우리들에게는 정토에 태어나서 아미타 부처님을 친견하길 희구하는 하나의 목표만 있다. 전수專修·전홍專弘이 이래야 진정으로 대세지보살의 정계상념을 뒤섞지 않고 중단없이 해낼 수 있다.

각 역본을 상고詳考하지 않으면 그 선택의 정일함(精)을 알지 못하고,

오직 회집본을 두루 교정하여야 그 종사한 신중함이 비로소 보인다. 그러나 이는 실로 문 바깥에서 설듣는 자가 아니면 홀연히 이해할 수 있는 바이다.

✽ 나는 일찍이 금일에 불법을 홍양하려면 반드시 정토를 제창하여야 하고, 정종淨宗을 홍양하려면 반드시 먼저 대경을 널리 유통시켜야 한다고 말했다.

[講] 「대경」은 바로 『무량수경』으로 이것은 정토종의 대경이다. 이 네 마디 말은 정말 안목과 식견을 갖추고 있다.

✽ 그래서 사람마다 지송할 수 있다면, 인과因果에 절로 밝고, 몸과 마음이 절로 이해되고, 겁운이 절로 바뀌며, 천하가 절로 다스려져 태평하다.

[講] 이것은 우리들이 바라는 것이다. 어떻게 도달할 수 있는가? 어떻게 사실로 변화시킬 수 있는가? 『무량수경』을 수지하는 것이 매우 중요하다. 우리들의 마음속 원망은 모두 달성할 수 있다. 학불하는 동학들은 개인마다 모두 업장이 소멸되길 희망한다. 업장을 소멸하고 싶다면 먼저 무엇을 업장이라고 하는지 알아야 한다. 마치 적을 잡으려면 반드시 적이 누구인가 알아야 적을 잡을 수 있는 것과 같다. 업장은 망상이고, 바로 탐·진·치·

교만이 마음에 일어나고 생각을 움직이면 업을 짓는 것이다. 업은 곧 당신의 청정심을 장애하고, 당신의 평등심을 장애한다. 만약 탐·진·치·교만을 모두 없애버릴 수 있다면 업장은 사라진다! 육근六根이 육진六塵 경계에 접촉하여 마음을 일으키지 않고, 생각을 움직이지 않으며, 분별하지 않고, 집착하지 않는다면 업장이 오겠는가? 이런 것은 말하기는 쉽지만 막상 하기는 매우 어렵다.

부처님께서는 우리들에게 이 방법이 좋다고 가르치셨다. 하루 종일 경을 독송하고 하루 종일 서방극락세계를 생각한다. 대세지보살께서 말씀하신 것은 「억불憶佛·염불念佛」이다. 「념念」은 「마음으로 염함(心念)」으로 입으로 염하지 않아도 관계없고 마음속으로 염하여야 한다. 마음 위에 진실로 있다. 「억憶」은 곧 「그리워 함(想)」이다. 장차 염이 무르익으면 언제나 서방극락세계 의정장엄依正莊嚴을 생각하고, 아미타 부처님 자행화타自行化他의 무량한 공덕을 그리워한다. 언제나 그리워하면 다른 것은 그리워하지 않고, 언제나 부처님을 생각하면 다른 것은 생각하지 않게 된다. 당신의 마음이 이래야 청정하고, 업장도 비로소 뿌리부터 뽑아 없앨 것이다.

왜 당신에게 많이 염하라고 가르치는가? 왜 당신에게 익도록 염하라고 가르치는가? 익도록 염해야 마음이 일어나고 생각이 움직이는 것이 모두 서방극락세계이고 이래야 상응한다! 이른바 "한 생각이 상응하면 한 생각이 그대로 부처이고 생각생각 상응하면 생각생각이 그대로 부처이다(一念相應 , 一念佛 ; 念念相應 , 念念佛)." 아직 익지 않았는데, 어떻게 상응할 수 있겠는가? 하루 종일 「남과 나·옳고 그름, 탐·진·치·교만」과 상응하면 이것이 육도윤회의 업인業因이다. 서방극락세계와 상응할 수 없다면 바로 육도윤회와 상응하는 것이다. 걷기 좋은 제3의 길은 없다. 이 두 갈래 길이 우리들 얼굴 앞에 놓여있으니, 우리들 자신의 선택에 달려 있다.

우리들이 구하는 것은 「인과에 절로 밝음」이다. 방금 말했듯이 아침에 제6품을 독송하는 것은 아미타 부처님의 48원이다. 아미타 부처님의 본원을 자신의 본원으로 바꾸면 나의 심원이 아미타 부처님과 완전히 같아진다. 우리들의 목적은 여기에 있다. 저녁 기도일과에 제32품에서 제37품까지 독송하는 것은 인과에 명료함이다. 고덕께서 제창하신 것은 지계염불持戒念佛로 제6품의 경문은 계율이다. 이 속에서 인과응보를 말하고 있다. 우리들로 하여금 마음을 움직이고 생각을 움직여 세속에 살면서 사람을 상대하고 사물을 접촉하는 모든 것이 경전을 한 면 거울로 만들어 시시각각 자신의 과실을 점검하고 허물을 고쳐서 자신을 새롭게 한다!

불문에서는 늘 「개오開悟」를 말한다. 무엇을 개오라고 하는가? 날마다 자신의 결점을 아는 사람은 개오하였다. 자신의 결점을 충분히 고칠 수 있으면 「수행修行」이라 한다. 마음바탕이 청정·평등한 사람은 「득도得道」하였다.

몸과 마음이 청정하면 어떻게 병이 생기겠는가? 병은 어디서 오는가? 병은 몸이 청정하지 못해서 온다. 몸이 어떻게 청정하지 못한가? 마음이 청정하지 못하면 몸이 청정하지 못하고 어떤 질병이든 모두 생기게 된다. 과연 몸과 마음이 청정하면 병이 생길 이유가 없고, 노쇠할 이유가 없다. 그런데 현재 퇴직한 몇몇 사람들은 마음속에 부처님을 생각하지 않고, 그는 날마다 늙는다고 생각한다. 자신은 한 해 한 해 늙어간다고 생각한다. 그가 어떻게 늙지 않겠는가? 당연히 늙는다. 또 늙는다고 생각하면 병이 생긴다. 그래서 질병이 모두 생기게 된다. 늙는 것은 자신의 생각에서 오고, 병도 자신의 생각에서 오며, 죽음도 자신의 생각에서 온다.

수행은 망상을 깨뜨리는 것이다. 만약 생각을 뒤집어 바꾸어서 아미타 부처님을 전념하면 아미타 부처님께서는 병이 없고, 아미타 부처님께서는 늙지 않으시고, 아미타 부처님께서는 죽지 않으시니, 모두 바뀌게 된다. 당신이 바뀌는가 안 바뀌는가, 관건은 여기에 달려있다.

🌸 속제와 진제, 2제를 모두 거두어도 아직 이것을 밝게 갖추고 중요한 것만 간추린 것이란 없다. 애석하게도 오랫동안 정본定本이 없어 법보가 유통될 수 없었다.

🌸 전청前淸이 번성할 때 만선전萬善殿에서는 늘 이 경을 가르친 까닭에 궁전은 정숙整肅했고, 정치는 청명淸明하였다. 그때 군중이 인과를 알게 된 까닭에 상하가 서로 경계하고, 조야朝野가 서로 사이좋게 지냈다. 함동(咸同 , 1851~1874) 이후 이 경의 독송이 중단되고, 조정의 기강이 문란해졌으며, 국력이 쇠퇴하였다.

[講] 청나라를 개국한 황제 중에서 특히 강희康熙·옹정雍正·건륭乾隆이 세 사람은 진정으로 훌륭하였다. 그보다 훌륭한 황제는 중국 역대 황제 중에서 찾을 수 없다. 나는 그들의 비평 주접(奏摺; 비평 공문公文)11)을

11) 지방대관에게 주접奏摺이라는 친전장親展狀에 의해 정치의 실정을 보고하도록 하고, 그것을 황제 스스로 뜯어보고 주필朱筆로 주비(硃批; 비평)를 써서,

본 적이 있는데, 진정으로 나라를 사랑하고 백성을 사랑하여 생각생각 모두 백성의 복리를 고려한 것으로 정말 보기 드물었다. 그들은 인민의 공복公僕이 아니라 인민의 부모였다. 부모의 마음으로 마치 자녀를 사랑하고 보호하듯이 백성을 사랑하고 보호하였다. 독경은 바로 그들이 발기한 것이다. 궁전 안에서 독경을 하였는데, 『무량수경』을 독송하여 모두 불복함이 없었다. 황제의 조서詔書도 아니고 그의 어록을 독송하는 것도 아니라 『무량수경』을 독송하여 상하 모두 아미타 부처님을 배웠다. 궁전 안에서 매일 기도일과로 『무량수경』을 독송하여 상호가 사이좋게 지냈다. 왜냐하면 모두 인과를 알고, 공통의 인식을 세우니, 사회가 안정되었다.

「함동이후咸同而後」, 함평咸豊(1851-1861)·동치同治(1862~1874) 이후, 자희慈禧 태후가 전정專政을 하면서 대개 이 경에서 말한 것이 모두 그녀의 결점으로 보여 그녀는 듣고서 매우 불편하였고, 이에 독송을 중단하였고 독송하려 하지 않았다. 청나라 국력이 곧 이렇게 쇠락하면서 인과를 파기하고 제멋대로 행동하였다. 만약 진정으로 선조의 집안 법도를 준수하였다면 아마 중화민국일 리가 없고 지금까지 청나라였을 것이다. 청나라가 어떻게 망하였는가? 망한 것은 자희 태후의 수중에 있었다. 이는 조금도 틀리지 않다. 이렇게 좋은 제도가 폐기되어 버렸다.

❀ 비록 다 이로부터 연유되지 않았을지라도 이 경은 중요하게 관련되어 있다. 지금 이 회집본이 나왔으니, 정종의 앞길을 축하할 뿐만 아니라 세운世運의 앞길을 위해서도 다행이다.

발신인에게 반송하여 지시·훈계를 내렸다.

[講] 말법시기에 오직 우리들로 하여금 진정한 이익을 누리게 할 수 있는 것은 - 학불하는 사람도 예외가 아니다 - 신속함을 구하고, 새로움을 구하고, 변화를 구하여야 한다.12) 이 세 가지 요구는 모두 이 경전 가운데 있다. 그것은 확실히 현대인의 수요를 만족시킬 수 있다. 매우 애석하게도 이를 인식하고 있는 사람은 많지 않다. 그래서 무릇 본경에 따라 수학하고 특히 진실한 이익을 얻는 사람은 반드시 이 법문을 다른 사람에게 소개하여야 한다. 당신 자신이 진정한 이익을 얻지 못한다면 말할 필요가 없다. 진정한 이익, 진정한 장점을 얻었다면 반드시 다른 사람에게 알려야 한다. 우리들은 모두 다 좋아하길 희망한다.

연공의 위학爲學으로 수많은 학파의 모든 물줄기가 부처님으로 돌아가고 두루 성상현밀性相顯密이 정淨으로 돌아갔다. 그 저술한 것은 대경을 회집한 것을 제외하고 그 외에도 『교경수필校經隨筆』, 『회집진당양역아미타경會集秦唐兩譯阿彌陀經』, 『회역인증기會譯引證記』, 『대경오념의大經五念儀』, 『연종밀초蓮宗密鈔』, 『정수간과(淨修簡課; 정수첩요淨修捷要)』, 『일옹환어一翁幻語』, 『입도삼자잠入道三字箴』, 『일몽만언평서一夢漫言評敍』, 『청불헌자경록聽佛軒自警錄』, 『소강절안락집초邵康節安樂集鈔』, 『백옥섬시선도영록白玉蟾詩禪道影錄』, 『이계학수二溪學粹』, 『환희염불재시초歡喜念佛齋詩鈔』, 『거원시문집渠園詩文集』으로 혹 간행되었거나 막 간행을 기다리고 있는 것이 10여 종에 이른다. 연공은 선전하는

---

12) 『무량수경 심요』 (비움과소통, 2016) 「서분」 강해 참조.

것을 왠지 부끄러워하였다. 내가 이 말을 하는 것은 결코 치켜세우기 위함이 아니다. 대개 세상에 이와 같은 학식과 이와 같은 공행功行을 알리려고 하지만, 그 회집한 경전은 신항하는 바 법문으로 스스로 깊고 깊은 의취를 갖추어야 한다. 학식이 아직 충분하지 않고 공행이 미치지 못한 자는 아직 천박한 식견으로 경솔하게 평가하여 법을 따름에 비방하는 허물에 이르나, 심심深心[13]으로 호법하며 뜻이 있어 세상을 구하는 자에게는 우습고 한탄스러운 것이다. 또 그 홍원의 열렬한 정성과 고구정녕 자애로운 마음에 매우 깊은 감동을 받아 신항하는 자가 많다. 이번에 외손자(황녕조 거사)가 부디 할아버지께 생각해달라는 청에 대경(무량수경)을 재판 인쇄하였다. 이 소식을 들은 사람은 뛸 듯이 기뻐하고 앞다투어 따라 기뻐하였다. 작년에 일찍 서문을 썼으나, 아직 인쇄에 넘기지 않았다. 이에 다시 연공이 저술한 『교경수필校經隨筆』중에 있는 말을 간략히 발췌하여 앞 서문에 늘려서 넣고, 『대경합찬大經合讚』을 줄여서 말미에 첨부하였다. 외손자와 두 딸을 보내어 그 문을 배워서 이 경의 요의를 듣게 하고, 이 서문을 예물로 대신하였다.

🌸 침곡성沈穀成 거사를 기억할 때마다 중생이 박복하여 대경에 먼지가 쌓이고 제창하는 사람이 없어 부처님의 은혜를 갚기 어렵다는 말에 언제나 개탄하고 부끄러운 마음이 생긴다!

---

13) 온갖 선행을 닦고자 하는 굳은 마음

[講] 이것은 매광희 노거사께서 그 당시 이전 사람의 말을 보고 스스로 매우 감개무량해 하시고 부끄러워하셨다. 또한 이 경을 위해 서문을 지어서 부처님의 은혜를 만분의 일이라도 갚길 바랄뿐이다.

✿ 지금 다행스럽게 인연이 성숙하여 보전寶典이 광명을 놓았다. 본경에 이르길, "이 경전을 만나는 사람은 모두 제도 받을 수 있을 것이니라(値斯經 者, 皆可得度)." 하였다.

[講] 이 한 마디 경문은 제45품에 있다. 어느 시대인가 상관없이 본경을 만나 이 경의 이론방법에 따라 수행할 수 있으면 제도를 얻지 않을 수 없다.

✿ 팽이림 거사께서는 "이는 실로 무량겁에 희유하고 만나기 어려운 하루다" 하셨다.

[講] 팽이림(팽제청) 거사의 이 한마디 말은 『무량수경』에 대한 찬탄이다. 그의 『무량수경기신론無量壽經起信論』은 타이완에서 단행본으로 유통되고 있다. 팽제청 거사는 대단히 위대한 분이다. 그는 명문자제로 그의 부친은 건륭황제의 병부상서兵部尙書로 현재 국방부 장관에 상당한다. 그는 귀족출신으로 한평생 학불하여 불법에 대한 조예가 대단히 깊었다. 『화엄경華嚴 經』 그렇게 큰 경전에 대해 그는 『화엄경』의 수행방법을 귀납시켰고, 『화엄염불삼매론華嚴念佛三昧論』을 사경하였다. 그는 『무량수경』의 절본節

本을 저술하였을 뿐만 아니라 그것에 대해 주해를 달았고, 이를 『무량수경기신론』이라 하였다. 그는 이 경을 만나는 행운을 가질 수 있어 매우 감탄하여 말했다. "이는 실로 무량겁에 희유하고 만나기 어려운 하루다." 우리들이 오늘 이 경을 만난 것도 확실히 이와 같다. 우리들이 오늘 이 경을 만난 것은 무량겁에 희유한 일이다.

🪷 그런 즉 이 경을 만나는 사람은 어찌 이것을 보배로 여기지 않을 수 있겠는가?

[講] 그래서 이 경을 만나면 반드시 아끼고 귀중히 여겨야 한다. 익숙해지도록 독송하고 정일하게 이해하여야 하며 가르침대로 닦아야 한다.

🪷 지혜로운 이는 아무쪼록 소홀히 하지 말지어다.

[講] 진정으로 지혜가 있는 사람은 제발 소홀히 하지 말고, 함부로 놓쳐서는 안 된다.

중화민국 35년(1946년) 하력夏曆 병술丙戌

남창南昌 매광희梅光羲

합장 예배하며 충칭重慶에서 서문을 짓다

[講] 하련거 노거사께서는 3수의 게송을 남기셨다. 우리들은 여기서 읽고 또 읽어 오늘 우리들이 경을 제일 먼저 여는 일차적 결론으로 삼는다.

무량수경 회교 초고를 완성하고 게송 3수를 삼가 제題하다

[講] 하련거 노거사께서는 3수의 게송과 2수의 시를 남기셨다. 이것은 우리들 말법중생을 위해 이번 회에 원만 공덕의 찬례讚禮를 지은 것이다. 이 3수의 게송은 하련거 거사께서 『무량수경』 회교(會校: 원역에 근거하여 지은 회집본)를 조준粗竣하고 삼가 3게송을 제題한 것이다. 「조준粗竣」은 바로 초고를 완성한 것이다. 그는 중화민국 21년(1932년)에 회집을 발심하였다. 여기서 그는 5년만에 비로소 완성하였다고 말한다. 바꾸어 말하면 그가 완성한 것은 중화민국 25년(1936년) 혹은 26년(1937년)으로 항전 1년 전이다. 항전 1년 전에 이 경의 초고를 완성하고 3수의 게송을 쓰셨다. 이 3수의 게송은 문구마다 우리들과 모두 관계가 있다. 글자 수는 조금 작지만 비교적 수고로움이 엿보인다.

[제1수]

🌸 가장 많이 번역되고 가장 먼저 전래된 경으로(傳譯獨多來最先)

　　(한대에서부터 송대에 이르기까지 12역본이 있었다)

[講] 무량수경은 중국에 전해진 경전 중에서 가장 많이 12차례 번역되었고,

가장 일찍 전래된 경이다. 이 법문은 중국인에게 연분이 특별히 깊음을 알 수 있다. 바꾸어 말하면 중국인은 아미타 부처님과 연분이 특별이 깊고 두텁다고 말할 수 있다. 그래서 정종은 중국에서 불가사의한 성취가 있었고, 역대 왕생한 사람은 헤아릴 수 없이 많다.

✦ 5년간 원역본을 읽고 회집한 것 또한 전세의 인연이며(五年讀校亦前緣)

[講] 이것은 모든 염불수행자가 반드시 감동을 느끼게 마련인 구절이다. 하련거 거사께서 이 경을 5년간 독송하였고, 날마다 독송하였다. 밤낮 중단없이 독송하였을 뿐만 아니라 꿈속에서도 이 경을 계속 독송하면서 회집하셨다. 대덕께서도 이렇게 5년간 고생하시면서 독송하셨는데, 우리들은 오늘 하루 한 편을 독송하는데 여전히 게으름을 피우려 하니, 어떻게 회집한 분을 대하겠는가! 하련거 거사를 우리들의 모범으로 삼아야 한다.

✦ 자애로운 세존의 가피로 이 판본을 이루었나니(慈尊加被成斯本)

[講] 이 판본은 석가모니 부처님과 아미타 부처님의 위신 가지가 있어 이렇게 잘 회집할 수 있었다.

✦ 부처님께서 위신광명을 두루 놓아 삼천대천세계를 비추네(徧放神光照大千)

[講] 우리들에게 이제 막 유통되니, 최후 다섯 가지 불가사의한 서상이 분별되었고, 부처님의 광명이 시방찰토에 두루 비추었다.

[제2수]

❈ 이것은 정종 제일의 경으로(此是淨宗第一經)

[講] 이 경은 정종 제일의 경전일 뿐만 아니라 시방삼세 제불여래께서 중생을 제도하여 불도를 이루는 제일의 경전이다.

❈ 상세하게 원돈을 포용하고 삼승을 포괄하니(詳悉圓頓括三乘)

[講] 상詳은 상세이고, 해悉는 포용이다. 상세하게 모두 다 포괄하니, 원교·돈교의 대법大法을 포괄하고, 성문승·연각승·보살승의 삼승三乘을 포괄한다. 이 경은 3장 12부(三藏十二部)를 모두 포괄하고, 3장 12부의 정화精華라고 말할 수 있다. 그래서 제불의 다섯 가지 불가사의 지혜의 결정체이다.

❈ 만약 옛날 복덕과 지혜를 심지 않았다면(若非夙植福兼慧)
비록 잠시라도 들으려고 해도 들을 수 없다네(雖欲暫聞亦不能)

[講] 만약 당신이 과거 생 가운데 다생 다겁에 복덕을 닦고 지혜를 닦아 복덕과 지혜를 쌍수한 이러한 근기와 성향이 아니라면, 이번 생 한 가운데 잠시라도 한번 이것을 듣는 기회가 전혀 없을 것이라 생각한다. 이따금 이 불당에 와서 한번 듣는다면 모두 다생 다겁의 복덕지혜 인연이다.

이런 인연이 없다면 확실히 한 번도 들을 수가 없고 이러한 복분은 없다. 하물며 대다수 경전강좌를 열 때부터 오늘까지 원만히 하루도 결석하지 않는다면 복덕과 지혜가 무량무변이고 성불의 기연이 이번 생에 성숙될 것이다.

[제3수]

✺ 이 일은 본래 대단히 기묘하여(此事本來也太奇)

[講] 이 일은 바로 염불왕생의 일로 확실히 대단히 기묘하고 진정으로 불가사의하다.

✺ 돈교일념에 3대아승지겁을 뛰어넘네(頓敎一念越三祇)

[講] 부처님께서는 일체 경전에서 중생이 수행하여 성불하는데 3대아승지겁(大阿僧祇劫)이 걸린다고 말씀하셨다. 이 3대아승지겁은 어느 날부터 계산하는가? 우리들 현재부터 계산하는 것이 아닌가? 아니다. 만약 우리의 현재 이런 정도부터 계산하는 것이라면 우리 과거 중에 얼마나 많은 3대아승지겁을 경과하였는지 알지 못한다. 과거 생에 우리들이 학불한 지 무량 아승지겁을 이미 거쳤지만, 현재 여전히 범부노릇을 하고 아직도 미혹·전도되어 엉망진창이다.

3대아승지겁은 어디서부터 계산하는가? 견혹(見惑)을 끊고, 3계 88품 견혹을 모두 다 끊고, 수다원과(須陀洹果)를 증득하는 날로부터 계산한다. 소승은 수다원이고, 대승 원교는 초신위初信位의 보살이 된 날로부터 계산한다.
이 날로부터 계산하여 3대아승지겁이 지나야 당신은 비로소 성불할 수
있다. 이로써 우리들은 무량겁 동안 비록 세세생생 수행이 모두 합격하지
않았을 지라도, 고시에 모두 합격하지 않았을지라도, 바꾸어 말하면 무량겁
동안 모두 유치원에서 공부하고 있고, 소학교 1학년을 시종 합격하지
못하여 연령자격이 소학교 1학년에서 시작하는 것으로 계산한다. 시종
합격하지 못해 세세생생 유치원에서 공부하고 있으니, 이는 매우 슬프고,
낮 부끄러운 일이다. 우리들이 오늘 이 법문을 만나서 유치원에서 단번에
박사반으로 승격된다면 이것은 불가사의하다. 이것은 대단히 괴이한 법문
이다. 그래서 믿기 어려운 것 중에서 믿기 어려운 것이다. 『돈교일념頓教一
念』, 이 일념은 바로 일심으로 아미타 부처님을 전념하는 것이다. 특히
이 경에서 말한 임종시 일념 내지 십념에 모두 왕생할 수 있다는 것은
진정으로 불가사의하여 3대아승지겁의 수행을 뛰어넘는다.

❀ 부처님께서 이르시길, 믿기 어렵고 진실로 믿기 어려우니(佛云難信誠
難信)

[講] 부처님께서는 다시한번 믿기 어려운 법이라고 말씀하셨다. 진실로
믿기 어렵다는 것은 거짓이 아니다. 정말 믿기 어렵다.

❀ 만억 사람 중에서 한 두 사람만이 안다(萬億人中一二知)

[講] 우리들은 만억 명 중에서 한 두 사람이다. 당신은 다행이라 여겨야

한다. 이것은 대단하다. 만억 사람 중에서 당신이 비로소 그 안의 한두 사람이다. 일반인은 이 법문을 알지 못하고, 이 법문을 깨닫지 못한다. 그래서 연공蓮公 대사께서 이 법문에 대해 만약 인식이 깊지 못하면, 견해가 철저하지 못하면, 이 말을 그는 말할 수 없었을 것이라 했다. 그는 충분히 말할 수 있었고, 그는 이 법문에 대해 철저히 알았다. 확실히 이 경을 회집하는 것은 부처님의 본회本懷를 펴는 것이니, 일체 제불께서 기뻐하시지 않는 분이 없다. 뒤에 나오는 2수의 시는 대단히 좋다.

청불헌聽佛軒에서 일과 외에 고요히 앉아 시 2수를 읊다

❧ 의심의 성 답파하고, 믿음 발음으로 전념하나니(踏破疑城信願專)

[講] "의심의 성"이란 무엇인가? 이전에 수학한 기타 법문을 말한다. 왜냐하면 연공蓮公 대사의 간단한 역사 때문에 우리들은 깨닫는다. 그분께서는 젊은 시절 학불을 하셨는데, 처음에는 선종을 배웠고, 이후 교종을 배웠으며, 다음에 다시 밀종을 배우고, 최후에 정토로 귀의하셨다. 그래서 이전에 배운 것은 모두 구경이 아니었다. 이것이 의심의 성으로 그 의심의 성을

답파한 것이다. 최후에 이르러 확철대오하여 정토로 돌아가서 전수·전홍하셨다. 그래서 믿음과 발원으로 아미타 부처님을 전념하니, 비로소 전專이다.

🌸 그 가운데 겪은 온갖 고락 전할 필요는 없지만(個中甘苦未須傳)

[講] 그분께서는 이번 생에 수학한 경력은 상당히 괴로웠는데, 이것도 다시 말할 필요가 없다.

🌸 몇 번이나 일탈하려 할 때 말의 고삐를 당겼고(幾迴欲逸脫繮馬)

[講] 이 한 수에서는 여러 차례 그가 퇴심·퇴전하려는 생각이 있었음을 말한다. 학불은 나아가기도 물러나기도 함이 확실히 이와 같다. 그도 예외가 아니어서 나아가기도 물러나기도 하였다.

🌸 밧줄 하나에 의지해 홀로 물 위의 배를 끌었네(一線孤牽上水船)

[講] 이것은 학도學道의 어려움을 비유한 것이다. 물 위의 배는 중국의 장강삼협長江三峽14)의 돛단배에서 수많은 사람이 밧줄을 끄는 모습을 볼 수 있다. 한 가닥 대나무로 엮은 밧줄 하나로 위쪽으로 끈다. 이것은 어려움을 비유한 것이고, 위험을 비유한 것이다. 밧줄 하나가 끊어지면

---

14) 장강삼협(長江三峽)은 중국의 제일 긴 강인 장강에 있는 세 협곡의 총칭이다.

이 배는 바로 끝장이 난다. 이것은 보살도를 말한 것으로 특히 우리들의 현재 환경은 진실로 『능엄』에서 말한 삿된 스승의 설법(邪師說法)이 항하의 모래알만큼 많다. 오늘날 학불하는 것은 한 줄기 험한 길로 불문에서 진정으로 한 줄기 바른 길을 찾는 것은 상당히 어렵다.

✿ 병이 오래되어 확실히 염불이 좋음을 알았고(病久確知念佛好)

[講] 이 병은 반드시 신체에 병이 걸림을 가리키는 것이 아니고, 바로 마음속에 삿된 지식·삿된 견해·의혹으로 안정되지 못하니, 이들 모두가 병이다. 오직 염불하여 마음이 선정에 들어 망념이 사라지고 삿된 견해를 끊어버릴 수 있다. 이래야 염불이 좋음을 알고, 진정으로 번뇌를 끊고 무명을 부수며, 삿된 견해를 여의고 진정으로 바른 견해가 효과를 거둘 수 있다.

✿ 마구니가 많아 오히려 도심이 견고해지며(魔多反使道心堅)

[講] 학불하는 사람은 마구니를 두려워하지 않는다. 마장이 많을수록 도심이 견고해진다.

✿ 미혹의 구름, 장애의 안개 겹겹이 지나가고(迷雲障霧重重過)
   언뜻 보니, 맑은 연못 달그림자 원만하여라(瞥見澄潭月影圓)

[講] 일체 간난艱難·곤고困苦가 지나간 후 이때 마음 밝혀 견성한다. 맑은 연못·달그림자는 모두 명심견성明心見性을 비유한 것이고, 일심불란을 비유한 것이다. 이것이 그가 염불하여 얻은 심득心得을 말한 것이다.

🌸 앉아서 허공 꽃 바라보니, 또 1년이 지나가네(坐閱空花又一年)

[講] 이것은 세간 1년이 또 지나갔음을 말한다.

🌸 오직 허물 없길 바라고 현묘한 이야기 꺼리며(唯期寡過厭談玄)

[講] 이것은 우리들이 마음속에 확실히 새겨두어야 한다. 우리들이 구하는 것은 무엇인가? 우리 과실이 날마다 줄어들고, 우리 번뇌가 날마다 작아지며, 우리 사견이 날마다 작아지고, 우리 지혜 공덕이 날마다 증장되길 구한다. 우리는 이것을 구해야 한다. 현묘한 도리를 이야기(談玄說妙)를 할 필요가 없으니, 이것들은 아무런 뜻이 없고 당신에게 좋은 점도 없다. 연공께서는 젊었을 때 현묘한 도리를 이야기하길 좋아하였지만, 현재 그가 깨닫고서 다시는 그런 이야기를 할 필요가 없고, 착실히 염불하였을 뿐이다.

🌸 매일 망상과 습기를 마음에서 씻어내며(每將妄習從心洗)

[講] 심지로부터 자신의 망상과 습기를 씻어 버린다.

❀ 부처님 소리 따라 염이 원만함을 점차 깨닫고(漸覺佛聲逐念圓)

[講] 심지가 청정하여 염불이 상응함을 말한다.

❀ 어묵동중의 상마다 청정한 계율에 의지하며(動靜相依淸淨戒)

[講] 행주좌와(行住坐臥)에 신심이 청정하여 자연 계율과 상응함을 말한다.

❀ 육근과 육진을 나란히 거두어들이는 보왕선이라(根塵齊攝寶王禪)

[講] 이 한마디 아미타불은 바로 위없이 깊고 깊은 선(無上甚深禪)인데, 대다수 사람이 이를 모른다. 다시 한번 알려드리니, 이 한마디 아미타불은 위없이 깊고 깊은 주문으로 주문의 왕이다. 한마디 아미타불을 염하면 정(淨)을 닦을 뿐만 아니라 선(禪)도 닦고, 밀(密)도 닦는다. 당신이 닦는 선은 원만구경의 선이고, 당신이 닦는 밀은 대원만의 밀이다. 구태여 밀종의 관정15)을 맺을 필요가 있는가? 필요 없다. 무량수경에서는 30일마다 당신에게 관정을 해준다. 정수리에 이미 부었으므로, 이후에 다시 관정할

---

15) 관정은 일종의 가지(加持)법으로서, 바로 제자의 신체를 정화(淨化)해 주고, 진일보로 깨끗하게 정리해 주는 의식을 말한다. 불교의 여러 종파 가운데 밀교가 특히 관정을 중시하는데, 스승이 여래의 5가지 지혜를 의미하는 5병의 물을 제자의 정수리에 부어주며, 이것은 부처의 지위를 계승함을 알려주는 의미로 이해되었다. 관정을 행하는 종류나 의식은 매우 복잡하지만 주로 인연을 맺는 관정[結緣灌頂], 법을 배우는 관정[學法灌頂], 그리고 법을 전하는 관정[傳法灌頂] 등 3가지가 행해진다.

필요가 없다.

🌿 극락세계와 사바고해 또렷이 존재하나니(樂邦苦海歷然在)

[講] 이 두 갈래 길은 여기서 매우 또렷하다. 한 갈래 길은 육도윤회로 삼악도이고, 또 한 갈래 길은 서방극락세계로 왕생하여 물러남 없이 성불한다. 또렷하고 분명하게 당신 앞에 놓여있다.

🌿 어느 길로 갈 것인지 하늘에 묻지 말라(何去何從莫問天)

[講] 이로부터 이후에 남에게 물을 필요 없고 당신 자신이 또렷이 알고 명백히 알아야 한다.

하련거 거사님의 이 사진에는 머리 정상에 한 분 부처님 상이 있고, 신발 아래는
방광이 있음을 볼 수 있다.

경 행 經行

少壯俄頃老病侵 젊어 건장하다 일순간 늙어 병이 침입하니

幾人未老惜分陰 어찌 늙지 않았다 세월을 아끼지 않을손가

樂邦路穩牽誰走 극락길 편안히 밟으니 누굴 끌고 가려는가

世道歧多聽自尋 세간도 갈래길 많아 듣고 스스로 찾아가네

幸有一長唯念佛 다행이 한바탕 오직 아미타 부처님 염불하여

了無可說且觀心 말할 것도 마음 관할 것도 없음을 깨닫는다

空堂叉手經行久 텅빈 집에 손을 교차하고 오랫동안 경행하니

忘却秋宵月滿林 가을 밤에 달빛이 숲속에 가득함을 잊었노라

정 관 靜觀

此心何用乞人安　이 마음 어떻게 써야 걸인이 편안할런가?

一念廻光萬境閑　한 생각 돌이키니 일만 경계가 한가롭다

過眼般般分好醜　눈앞의 하나하나 좋으니 나쁘니 구별하나

到頭事事不相干　마침내 사사물물마다 서로 간섭하지 않네

夢中知夢未離夢　꿈속에 꿈이라 알지만 아직 꿈을 여의지 못하고

觀物達觀尚有觀　사물을 관하여 달관하였지만 오히려 관이 있도다

蠟味誰眞嘗透者　밀랍 맛이니, 누가 정말 꿰뚫어 맛보는 자인가?

說來容易驗時難　말하기는 쉽지만 때를 증험하기란 어려워라.

한마디 아미타불은 바로 위없이 깊고 깊은
무상심묘선(無上甚深禪)이다.
한마디 아미타불은 위없이 깊고 깊은 주문의 왕이다.
한마디 아미타불을 염하면 정정(淨)을 닦을 뿐만 아니라
선선(禪)도 닦고, 밀밀(密)도 닦는다.
당신이 닦는 선은 원만구경의 선이고,
당신이 닦는 밀은 대원만의 밀이다.
ㅡ 정공 법사

根塵齊攝寶王禪
육근과 육진을 나란히 거두어들이는 보왕선

北京佛教文化研究所 北京广化寺监制 地质二五四七年七月印

불설대승무량수장엄청정평등각경

한글 독송문

노향찬

향로에 향을 피우니
법계에 향기가 진동
부처님 회상에 퍼지어
가는 곳마다 상서구름
저희 뜻 간절하오니
부처님 강림하옵소서

나무향운개보살마하살
나무향운개보살마하살
나무향운개보살마하살

연지찬

연지해회 아미타 부처님,
관세음보살 대세지보살 연화대 앉으시어
저희들 접인해 황금계단 오르게 하시네.

원하옵건대 큰 서원 널리 여시어
저희들 티끌세상 여의게 하옵소서

나무연지해회 보살마하살
나무연지해회 보살마하살
나무연지해회 보살마하살

나무본사석가모니불 (세번)

개경게

위없이 높고 깊은 미묘한 법문
백천만 겁에도 만나기 어려워라
제가 지금 듣고 보아 수지하오니
여래의 진실한 뜻 알아지이다

불설대승무량수장엄청정평등각경

무량청정평등각경

　　후한 지루가참 역

불설제불아미타삼야삼불살루불단과도인도경

　　일명 『무량수경』 · 일명 『아미타경』 오지겸 역

무량수경

　　조위 강승개 역

무량수여래회

　　당 보리류지 역

불설대승무량수장엄경

　　조송 법현 역

○ 한대에서부터 송대에 이르기까지 같은 경의 다른 역본
　을 살펴보면 무릇 12역본이나 되었지만, 근대에 유통
　되는 것은 오직 이 5역본 뿐이다.

보살계 제자 운성 하련거(법명 자제慈濟)가 각각의 역본을 (공경을
다해 장차章次를 나누어) 회집하다.

제1품 법회에 모인 성중

이와 같이 나는 들었노라. 한 때 부처님께서 왕사성 기사굴산에 머무르사, 큰 비구 대중 1만 2천 명과 함께 계셨으니, 이들은 모두 대성인들로 신통에 이미 통달하였느니라.

그 이름은 존자 교진여·존자 사리불·존자 대목건련·존자 가섭·존자 아난 등이었고, 이들을 상수로 삼으셨느니라.

또한 보현보살·문수사리보살·미륵보살 및 현겁 중의 일체보살들도 모두 법회에 와서 모여 계셨느니라.

제2품 보현보살의 덕을 좇아서 수학하다

또 현호 등 16정사들도 함께 계셨으니, 이른바 선사유보살·혜변재보살·관무주보살·신통화보살·광영보살·보당보살·지상보살·적근보살·신혜보살·원혜보살·향상보살·보영보살·중주보살·제행보살·해탈보살 등이었고, 이들을 상수로 삼으셨느니라.

그 보살들은 모두 함께 보현 대보살의 덕을 좇아서 수학하고, 무량한 행원을 구족하여서 일체 공덕 법에 안온히 머물러 계시느니라. 나아가 시방세계에 두루 다니면서 선교방편을 실행하고, 부처님의 법장에 들어가 구경열반의 피안에 이르시느니라.

그리고 무량한 세계에서 등정각을 성취하시길 발원하시느니라.

그 보살들은 도솔천을 포기하고 왕궁으로 내려와, 왕위를 버리고 출가하여, 고행하며 성불의 도를 배우시니, 이와 같이 시현하심은 세간에 수순하시고자 하는 까닭이니라. 선정·지혜의 힘으로 마구니와 원수를 항복시키고, 미묘한 법을 얻어 최상의 정각을 성취하시느니라.

천안들이 귀의하고 우러러보며, 법륜을 굴려 주시길 청하자, 항상 법음으로 모든 세간을 깨우치시느니라.

번뇌의 성을 부수고, 모든 탐욕의 구덩이를 허물어서, 마음의 더러운 때를 씻어주시고, 청정·순백한 자성을 드러내 밝혀주시느니라.

중생들의 견해를 조화시키시고, 미묘한 이치를 펼치시며, 공덕을 쌓고 복전을 중생들에게 보이시며, 제법의 양약으로써 삼계의 괴로움을 치료하시느니라.

중생들을 관정의 계위에 오르게 하여 보리수기를 받게 하시고, 보살들을 가르치시기 위해 아사려의 모습으로 나타나서 불법을 끊임없이 학습하여 가없는 제행에 상응하도록 하시며, 보살의 가없는 선근을 성숙시키시니, 무량한 부처님들께서 모두 같이 호념하시느니라.

시방 제불찰토 어느 곳에서나 모습을 나타내실 수 있나니, 비유컨대 뛰어난 마술사가 온갖 다른 모습으로 변화하여 나타날 수 있지만, 그 나타난 모습 가운데 실로 얻을 수 없는 것처럼 이 법회에 모인 보살들도 또한 이와 같으니라.

일체 만법의 자성본체와 온갖 중생들의 근기성향에 통달하여 명료하게 아시고, 또한 일체제불께 공양을 올리고 일체중생들에게 설법하여 이끌어 주시니라. 그 몸을 번갯불처럼 신속하게 화현하시어 마견의 그물을 찢어버리고, 모든 번뇌의 속박을 풀어주시느니라. 또한 성문·벽지불의 경지를 멀리 뛰어넘고, 공·무상·무원의 해탈법문을 증득해 들어가서 선교방편을 세워서 삼승을 드러내 보여주시느니라.

중하의 근기 중생들에게는 멸도에 드시는 모습을 나타내 보여주시느니라.

보살들께서는 생함도 멸함도 없는 모든 삼매들을 얻으시고, 또 일체 다라니 문을 얻으시느니라. 수시로 화엄삼매에 깨달아 들어가 무량한 총지와 수백 수천 삼매를 구족하시느니라. 자성본연의 깊은 선정에 머물러서 무량제불을 모두 친견할 수 있고, 일념의 짧은 순간에 일체 불국토를 두루 다니시느니라.

부처님의 변재를 얻어서 보현행에 머물러 계시고, 중생들의 언어를 잘 분별할 수 있으며, 진실의 궁극에 개시오입함을 나타내 보이시고, 세간의 일체 제법을 뛰어넘으시느니라.

마음은 늘 진실로 세간 사람들을 제도하는 도에 머무시고, 일체 만물에 대하여 자기 뜻대로 자재하시며, 청하지 않아도 모든 부류의 중생들을 위해 좋은 벗이 되어 주시고, 여래의 크고 깊은 법장을 수지하시며, 부처님의 종성을 보호하여 항상 끊어지지 않도록 하시느니라.

대비심을 일으켜서 유정들을 불쌍히 여기시고, 자비한 변재로 연설하여 중생들로 하여금 법안의 눈을 뜨게 하시며, 삼악도의 길을 막고 삼선도의 문을 열어주시느니라. 또한 모든 중생들을 자신처럼 여겨서 구제하고 중생들의 짐을 지고서 모두 열반의 피안에 이르게 하시느니라.

일체 중생들로 하여금 제불의 무량공덕과 거룩하고 밝은 지혜를 얻을 수 있게 하시니, 그 지혜복덕이 원만하여 불가사의하니라. 이와 같은 한량 없고 가없는 모든 대보살들께서 일시에 와서 법회에 모여 계셨느니라.

또 비구니 5백 명과 청신사 7천 명 · 청신녀 5백 명, 그리고 욕계천 · 색계천 · 제천의 범중들도 모두 같이 큰 법회에 모여 계셨느니라.

제3품 큰 가르침을 베푸신 인연

이때 세존의 위덕 광명이 혁혁하게 빛나니, 황금 덩어리가 녹아서 아름답게 빛나는 것 같고, 맑은 거울에 영상이 가로막힘이 없어

안팎이 하나인 것 같으며, 큰 광명이 수천 수백 가지로 변화하며 나타났느니라.

아난존자는 곧 스스로 생각하길, "오늘 세존께서는 온몸에 기쁨이 넘쳐나고 육근이 청정하며, 얼굴에 위엄이 빛나서 그 가운데 보배 찰토의 장엄을 나타내시니, 과거 이래로 일찍이 본 적이 없도다." 이에 기쁜 마음으로 세존을 우러러 보니, 희유한 마음이 일어나서 바로 자리에서 일어나 오른 어깨를 드러내고, 무릎 꿇고서 합장하였느니라.

이에 부처님께 아뢰길, "세존이시여! 오늘 세존께서는 대적정에 드시어, 기묘하고 특별한 법에 머물러 계시나니, 제불께서 머무시는 대도사의 행, 가장 수승한 도법에 머물러 계십니다. 과거·미래·현재 부처님과 부처님께서 서로 억념한다고 하셨는데, 세존께서는 오늘 과거·미래의 제불을 억념하시고 계십니까? 아니면 현재 타방에 계시는 제불을 억념하시고 계십니까? 무슨 이유로 오늘 세존께서 위신력을 눈부시게 드러내시고, 광명과 상서의 수승하고 미묘함이 이와 같습니까! 원하옵건대 저희들을 위하여 상세하게 말씀하여 주시옵소서."

이에 세존께서는 아난에게 말씀하시길, "훌륭하고 훌륭하다! 그대는 모든 중생들을 불쌍히 여겨서 그들을 이롭게 하고 즐겁게 하고자 이와 같이 미묘한 뜻을 잘 물었도다. 그대가 지금 이와 같이 질문한 것은 일천하의 아라한과 벽지불에게 공양하고, 누겁 동안 제천·세간 사람들과 기거나 날거나 꿈틀거리는 벌레의 부류들에게 보시하는 것보다 그 공덕이 백천만 배나 수승하니라. 왜 그러한가? 그것은 장래 제천·세간 사람들과 일체 함령이 모두 그대의 질문으로 인해 해탈을 얻게 될 것이기 때문이니라.

아난아, 여래께서는 다함없는 대비심으로 삼계중생을 가엾이 여기시어 세상에 출현하시니라. 지혜를 천양하고 진여실상을 가르쳐서 괴로움으로부터 중생들을 구제하시고, 진실한 이익을 베풀어 주시느니라. 이 법을 만나기 어렵고 여래를 친견하기 어려움은 마치 우담바라 꽃이 세상에서 희유하게 피는 것과 같으니라. 지금 그대가 묻는 것은 중생들을 크게 이롭게 할 것이니라.

아난아, 여래의 정각은 그 지혜가 헤아리기 어렵고 걸림이 없어서 일념의 짧은 순간에 무량 억 겁에 머물 수 있고, 몸과 육근은 늘어나지도 줄어들지도 않음을 알아야 하느니라. 왜 그러한가? 여래는 선정·지혜가 구경까지 펼쳐져 끝이 없으며, 일체법에 가장 수승한 자재를 얻을 수 있기 때문이니라.

아난아, 자세히 듣고 잘 사유하여 억념하라. 내 마땅히 그대를
위하여 분별하여 해설할 것이니라."

제4품 법장 비구께서 발심 · 수학한 인연

부처님께서 아난에게 말씀하시길, "과거 한량 없고 불가사의한 무앙
수 겁 이전에 부처님께서 세상에 출현하셨나니, 이름이 세간자재왕여
래 · 응공 · 등정각 · 명행족 · 선서 · 세간해 · 무상사 · 조어장부 ·
천인사 · 불세존으로 42겁 동안 세상에서 머물러 계시면서 가르침을
펼치셨느니라. 이때 제천 및 세간 사람들을 위하여 경전을 강설하시고
불도를 말씀하셨느니라.

그때 큰 나라의 왕이 계셨으니, 이름이 세요왕으로 부처님의 설법을
듣고 법안이 열려서 환희심에 위없는 진정한 도에 이르려는 뜻을
일으켰느니라. 그리하여 국왕의 자리를 버리고 출가하여 사문이
되셨으니, 명호가 법장이었고 보살도를 닦으셨느니라.

법장 비구는 뛰어난 재능 · 용맹 · 명석함이 세간 사람을 뛰어넘

었고, 믿음·이해력·명료함·기억력도 모두 다 제일이었으며, 또 수승한 행원 및 염력·혜력을 지니고 있어 그 마음을 증상케 하여 견고하고 흔들리지 않았으며, 수행정진이 그를 앞지르는 자가 없었느니라.

그는 부처님의 처소로 가서 정례하고, 무릎 꿇고 부처님을 향해 합장하고, 가타로써 부처님을 찬양하고 광대한 원을 발하였느니라. 게송으로 말하길,

　　여래의 미묘한 상호, 단정 장엄하여
　　일체 세간에 견줄 사람이 없습니다.
　　여래의 무량한 광명, 시방세계 비추니
　　해와 달, 불과 보석 먹통이 되고 맙니다.

　　세존께서는 하나의 언어로 연설하셔도
　　유정들은 각자 자신의 언어로 이해하고
　　또한 하나의 미묘한 색신을 나타내시어
　　중생들이 각자의 부류에 따라서 보게 하십니다.

　　원하옵건대 제가 부처님의 청정한 음성 얻어서

법음이 가없는 법계에 두루 미치게 하옵소서.
계율·선정·정진의 법문을 선양하고
깊고 미묘한 법문에 통달하게 하옵소서.

저의 지혜, 바다처럼 광대하고 깊어지며
저의 마음, 세상 근심 끊어 청정하게 하옵소서.
가없는 악취의 문을 뛰어넘어
보리의 구경언덕에 빨리 이르게 하옵소서.
무명과 탐욕·분노, 영원히 없애고
의심과 허물, 삼매의 힘으로 정복하게 하옵소서.

또한 저는 무량한 과거불과 같이
저 세계 중생들에게 대도사가 되어서
생·노·병·사의 온갖 고뇌로부터
일체 세간을 구제할 수 있게 하옵소서.

늘 보시와 지계, 인욕과 정진,
선정과 지혜의 육바라밀을 수행하여
아직 못 건너간 유정들은 건너가게 하고
이미 건너간 자는 부처를 이루게 하옵소서.

항하의 모래알만큼 많은 성인께 공양해도
굳은 결의로 용맹 정진하여서
위없는 정각을 구하는 것만 못합니다.

원하옵건대 삼마지에 안온히 머물러
늘 광명을 놓아서 일체세간을 비추옵고
광대하고 청정한 국토를 감응해 얻으니
그 수승함과 장엄함, 견줄 것이 없습니다.

육도에 윤회하는 모든 부류의 중생들이
저의 찰토에 빨리 태어나 안락케 하고
늘 자비심으로 유정들의 고통을 뽑아내어
가없는 고난 중생들을 남김없이 제도하게 하옵소서.

저의 수행 견고해 흔들리지 않으리니
부처님 거룩한 지혜로만 증명해 아실 뿐입니다.
설사 제가 온갖 고통에 빠진다 할지라도
이 같은 원심에서 영원히 물러나지 않겠나이다.

제5품 지극한 마음으로 정진하다

법장 비구가 이 게송을 읊고 나서 부처님께 아뢰길, "제가 지금 보살도를 행하고 있고, 이미 무상정각의 마음을 내었사오니, 성불하겠다고 발원하고 일체 심행이 부처님과 같아지게 하옵소서.

원하옵건대 부처님께서 저를 위해 경법을 널리 설해 주시옵소서. 저는 받들어 지녀서 여법하게 수행하여 수고로이 고통 짓는 모든 생사의 근본 뿌리를 뽑아버리고, 빨리 무상정등정각을 성취하도록 하겠나이다.

원하옵건대 제가 부처 될 적에 저의 지혜, 저의 광명, 제가 머무는 국토, 제가 설하는 명호가 시방세계에 들리도록 하고, 제천·세간 사람들과 기어 다니고 꿈틀거리는 벌레의 부류들까지도 저의 국토에 와서 태어나 모두 보살이 되게 하여 주시옵소서. 제가 세운 이 서원은 모두 무수한 제불국토보다 수승하나니, 어찌 이 서원을 이룰 수 있겠습니까?"

세간자재왕 부처님께서 곧 법장 비구를 위해 경을 설하시면서 말씀하시길, "비유컨대 마치 한 사람이 큰 바닷물을 한 말씩 헤아려 몇 겁의 세월이 지나면 마침내 그 바닥이 다 드러날 수 있는 것과 같이, 누구라도 지극한 마음으로 도를 구하길 정진해 그치지 않으면 마땅히 불과를 증득할 수 있나니, 어떤 서원인들 이루지 못하겠는가?

그대는 어떤 방편을 닦아야 불국토의 장엄을 이룰 수 있는지 스스로 사유해보고, 그대가 수행하고자 하는 방법을 스스로 알아야 하며, 청정한 불국토를 스스로 섭수하여야 하느니라."

법장 비구가 부처님께 아뢰길, "그 뜻은 크고 깊어서 저의 경계가 아닙니다. 오직 여래 · 응공 · 정변지께서 무량하고 미묘한 제불찰토를 널리 연설하여 주시옵소서. 제가 만약 이와 같은 법을 듣게 된다면 사유하고 수습하여 맹세코 저의 서원을 이루겠나이다."

세간자재왕 부처님께서는 그의 덕행이 높고 지혜가 밝으며, 뜻과 원이 깊고 넓음을 아시고, 그를 위해 210억 제불찰토의 공덕 · 장엄 · 청정 · 광대 · 원만한 모습을 상세하게 말씀하여 주셨고, 그 심원에 응하기 위해 제불찰토를 다 보여 주시니, 부처님께서 이 법을 설하실 때 천억 년의 세월이 흘렀느니라.

그때 법장 비구는 부처님의 설법을 듣고, 모든 불찰토를 다 보고서, 위없는 수승한 서원을 일으켰느니라. 저 천인의 선악이나 국토의 거침과 미묘함에 대해서 완전히 사유하여 곧 그 일심으로 희망하는 것을 선택하여 대원을 얻었느니라.

그는 부지런히 탐구해 찾아서 이를 공경히 삼가하고 잘 보임하고 지녀서, 공덕을 수습하여 5겁 동안 원만히 만족하였느니라. 21구지 불국토의 공덕을 장엄하는 일에 대해 마치 하나의 불찰토인양 명료하게 통달할 수 있었으며, 섭수한 불토는 이것보다 훨씬 뛰어넘었느니라.

모두 다 섭수하고서, 다시 세자재왕 여래의 처소로 가서 머리를 조아려 부처님의 발에 절하고, 부처님의 주위를 세 번 돌며, 합장하고 멈추어 서서 말하길, "부처님, 저는 이미 불토장엄과 청정행을 성취하였나이다."

부처님께서 말씀하시길, "참으로 훌륭하다! 지금이 바로 좋은 때이다. 그대는 자세히 설명하여 대중으로 하여금 기쁘게 할 것이며, 또한 대중으로 하여금 이 법문을 듣고서 큰 이익을 얻게 할 것이며, 불국토에서 수습하고 섭수하여 무량한 대원을 만족시킬 수 있게 할지니라."

제6품 위대한 서원을 세우다

법장 비구께서 부처님께 아뢰길, "세존이시여, 오직 원하옵건대 대자비로 저의 서원을 듣고 자세히 살펴 주시옵소서."

제1 국무악도원 · 제2 불타악취원

제가 만약 무상보리를 증득하고 정각을 이룬다면 제가 머무는 불국토에 무량한 불가사의 공덕장엄을 구족하겠나이다. 지옥·아귀·짐승과 기거나 날거나 꿈틀거리는 벌레의 부류들이 없도록 하겠나이다. 모든 일체중생, 염마라계까지도 삼악도에서 저의 국토로 와서 태어나게 하고, 저의 법화를 받아서 누구나 다 아뇩다라삼먁삼보리를 성취하여서 다시는 악취에 떨어지지 않도록 하겠나이다. 만약 이 원을 이루면 부처가 될 것이며, 이 원을 이루지 못한다면 무상정각을 성취하지 않겠나이다.

제3 신실금색원 · 제4 삼십이상원 · 제5 신무차별원

제가 부처 될 적에 저의 국토에 태어난 시방세계 모든 중생들이 자마진금 빛깔의 몸을 구족하도록 하겠나이다. 32종 대장부상을 구족하도록 하겠나이다. 단정·정결하여서 생김새가 같도록 하겠나이다. 만약 생김새에 아름답고 추한 차이가 있다면 정각을 성취하지 않겠나이다.

제6 숙명통원 · 제7 천안통원 · 제8 천이통원

제가 부처 될 적에 저의 국토에 태어난 모든 중생들이 모두 무량겁 동안 전생에 지은 바 선과 악을 알도록 하겠나이다. 모두 다 꿰뚫어 보고, 철저히 들어서 시방세계 과거·미래·현재의 일을 알 수 있도록 하겠나이다. 만약 이 원을 이루지 못한다면 정각을 성취하지 않겠나이다.

제9 타심통원

제가 부처 될 적에 저의 국토에 태어난 중생들이 다른 사람의 마음을 아는 신통력을 얻도록 하겠나이다. 만약 백천 억 나유타의 수많은 불국토에 있는 중생들의 마음과 생각을 알지 못한다면 정각을 성취하지 않겠나이다.

제10 신족통원 · 제11 공제불원

제가 부처 될 적에 저의 국토에 태어난 모든 중생들이 신통자재 바라밀다를 얻도록 하겠나이다. 일념의 짧은 순간에 백천억만 나유타의 불찰토를 뛰어넘어 두루 다니면서 제불께 공양을 올릴 수 없다면 정각을 성취하지 않겠나이다.

제12 정성정각원

제가 부처 될 적에 저의 국토에 태어난 모든 중생들이 분별을 멀리 여의고, 모든 감각이 적정에 들도록 하겠나이다. 만약 분명코 등정각을 성취하여 대열반을 증득하지 못한다면 정각을 성취하지 않겠나이다.

제13 광명무량원 · 제14 촉광안락원

제가 부처 될 적에 광명이 무량하여 시방세계에 두루 비추어서 제불의 광명보다 훨씬 수승하고, 해와 달보다 천만 억 배나 더 밝도록 하겠나이다. 만약 어떤 중생이 저의 광명을 보아 그의 몸에 비추어 닿기만 해도 안락함을 느끼지 않음이 없고, 자비심으로 선을 행하여 저의 국토에 태어나도록 하겠나이다. 만약 이와 같이 되지 않는다면 저는 정각을 성취하지 않겠나이다.

제15 수명무량원 · 제16 성문무수원

제가 부처 될 적에 저의 수명이 무량하고, 저의 국토에 성문과 천인이 무수하며, 그들의 수명 또한 모두 무량하도록 하겠나이다. 가령 삼천대천세계의 중생들이 모두 연각을 성취하고 백천 겁 동안 함께 계산하여 만약 그 양과 수를 알 수 있다면 정각을 성취하지 않겠나이다.

제17 제불칭탄원

제가 부처 될 적에 시방세계 무량찰토에 계시는 무수한 제불께서 만약 다 같이 저의 명호를 칭양·찬탄하지 않고, 저의 공덕과 국토의 선을 말하지 않는다면 정각을 성취하지 않겠나이다.

제18 십념필생원

제가 부처 될 적에 시방세계 중생들이 저의 명호를 듣고서 지극한 마음으로 믿고 기뻐하며, 일체 선근을 순일한 마음으로 회향하고, 저의 국토에 태어나길 발원하여, 내지 십념에 만약 저의 국토에 태어나지 못한다면 정각을 성취하지 않겠나이다. 다만 오역죄를 짓거나 정법을 비방하면 제외될 것입니다.

제19 문명발심원 · 제20 임종접인원

제가 부처 될 적에 시방세계 중생들이 저의 명호를 듣고서 보리심을 발하여 온갖 공덕을 닦고, 육바라밀을 봉행하여 굳건히 물러나지 않으며, 또 일체 선근을 회향하여 저의 국토에 태어나기를 발원하도록 하겠나이다. 일심으로 저를 염하여 밤낮으로 끊어지지 않는다면 목숨이 다하는 때 저는 보살성중과 함께 그 사람 앞에 맞이하러 나타나, 짧은 시간에 곧 저의 국토에 태어나 아유월치 보살이 되도록 하겠나이다. 만약 이 원을 이루지 못한다면 정각을 성취하지 않겠나이다.

제21 회과득생원

제가 부처 될 적에 시방세계 중생들이 저의 명호를 듣고서 저의 국토에 생각을 매어두고, 보리심을 발하여 신심이 견고하고 물러나지 않으며, 온갖 공덕의 근본을 심어 기르고 지극한 마음으로 회향하여 극락세계에 태어나고자 한다면 원을 이루지 못하는 이가 없도록 하겠나이다. 만약 과거 숙세에 악업이 있다 하더라도 저의 명호를 듣고서 곧바로 스스로 잘못을 참회하고, 불도를 위해 선을 지으며, 곧 경전의 가르침을 받아 지녀서 저의 찰토에 태어나길 발원한다면 그 사람은 목숨이 다할 때 다시는 삼악도에 떨어지지 않고, 즉시 저의 국토에 태어나도록 하겠나이다. 만약 이와 같이 되지 않는다면 정각을 성취하지 않겠나이다.

제22 국무여인원 · 제23 염녀전남원 · 제24 연화화생원

제가 부처 될 적에 저의 국토에는 여성이 없도록 하겠나이다. 만약 어떤 여인이 저의 명호를 듣고서 청정한 믿음을 얻고 보리심을 발하여 여자의 몸을 싫어하고 근심하여 저의 국토에 태어나길 발원한다면, 목숨이 다하는 즉시 바로 남자로 변하여 저의 찰토에 태어나도록 하겠나이다. 시방세계 어떤 부류의 중생들이든 저의 국토에 태어나는 이는 모두 다 칠보 연못의 연꽃에서 화생하도록 하겠나이다. 만약 이와 같이 되지 않는다면 정각을 성취하지 않겠나이다.

제25 천인예경원 · 제26 문명득복원 · 제27 수수승행원

제가 부처 될 적에 시방세계 중생들이 저의 명호를 듣고서 환희심을 내어 믿고 좋아하며, 예배하고 귀의하며, 청정한 마음으로 보살행을 닦아서 제천·세간 사람들이 공경하지 않는 이가 없도록 하겠나이다. 만약 저의 명호를 들으면 수명이 다한 후에 존귀한 집에 태어나도록 하고, 육근에 결함이 없도록 하겠나이다. 늘 수승한

범행을 닦도록 하겠나이다. 만약 이와 같이 되지 않는다면 정각을
성취하지 않겠나이다.

제28 국무불선원 · 제29 주정정취원

제30 낙여누진류 · 제31 불탐계신원

제가 부처 될 적에 저의 국토에 선하지 않은 이름이 없도록 하겠나
이다. 저의 국토에 태어난 모든 중생들이 다 함께 일심으로 정정취
에 머물도록 하겠나이다. 영원히 뜨거운 번뇌를 여의고, 청정하고
시원한 마음을 얻으며, 느끼는 즐거움이 마치 누진 비구와 같아지
도록 하겠나이다. 만약 상념이 일어나 몸에 탐착하는 이가 있다면
정각을 성취하지 않겠나이다.

제32 나라연신원 · 제33 광명변재원 · 제34 선담법요원

제가 부처 될 적에 저의 국토에 태어난 모든 중생들이 선근이
무량하고 금강 나라연신의 견고한 힘을 얻도록 하겠나이다. 정수
리에서 광명이 밝게 비추고, 일체 지혜를 이루며, 가없는 변재를
획득하도록 하겠나이다. 모든 불법의 비요를 잘 말하고, 경전을
설하며, 불도를 행하여서 그 말씀이 마치 종소리처럼 널리 퍼지도
록 하겠나이다. 만약 이와 같이 되지 않는다면 정각을 성취하지

않겠나이다.

제35 일생보처원 · 제36 교화수의원

제가 부처 될 적에 저의 국토에 태어난 모든 중생들이 구경에는 반드시 일생보처에 이르도록 하겠나이다. 그의 본원으로 중생들을 위하는 까닭에 사홍서원의 갑옷을 입고 일체 유정들을 교화하여, 그들이 모두 신심을 내고 보리행을 닦으며 보현도를 행하도록 하는 이는 제외할 것입니다. 비록 타방세계에 태어날지라도 영원히 악취를 여의도록 하며, 혹은 즐겨 법문을 설하기도 하고, 혹은 즐겨 법문을 듣기도 하며, 혹은 신족통을 보여서 자기 뜻대로 수습하여서 원만하지 않음이 없도록 하겠나이다. 만약 이와 같이 되지 않는다면 정각을 성취하지 않겠나이다.

제37 의식자지원 · 제38 응념수공원

제가 부처 될 적에 저의 국토에 태어난 중생들에게 필요한 음식과 의복과 갖가지 공양구가 원하는 대로 즉시 이르게 하여, 그의 원을 만족시키지 못함이 없도록 하겠나이다. 시방세계 제불께서 그들의 생각에 감응하여 그 공양을 받아 주시도록 하겠나이다. 만약 이와 같이 되지 않는다면 정각을 성취하지 않겠나이다.

제39원 장엄무진원

제가 부처 될 적에 국토의 만물은 장엄·청정하고, 빛나고 화려하며, 형상과 빛깔이 수승하고 특별하며, 미세함이 다하고 미묘함이 지극하여 말할 수도 없고 헤아릴 수도 없도록 하겠나이다. 모든 중생들이 비록 천안을 구족하였다 하더라도 그 형상과 빛깔, 광명과 모습, 이름과 수량을 분별하고, 전부 상세하게 말할 수 있다면 정각을 성취하지 않겠나이다.

제40 무량색수원·제41 수현불찰원

제가 부처 될 적에 저의 국토에는 무량한 빛깔의 보배수가 있어서, 그 높이가 백 천 유순이나 되고, 도량의 나무는 높이가 4백만 리나 되며, 모든 보살 중에서 비록 선근이 하열한 이가 있을지라도 또한 그것을 알 수 있도록 하겠나이다. 제불의 청정국토 장엄을 보고자 한다면 마치 밝은 거울에 얼굴을 비추어 보듯이 모두 보배나무 사이로 볼 수 있도록 하겠나이다. 만약 이와 같이 되지 않는다면 정각을 성취하지 않겠나이다.

제42 철조시방원

제가 부처 될 적에 제가 머무는 불국토는 광대하고 넓으며, 장엄하고 청정하며, 광명이 마치 거울처럼 밝고 투명하여 시방세계 무량무수의 불가사의한 제불세계를 철저히 비추어서 중생들이 이를 본다면 희유한 마음을 내도록 하겠나이다. 만약 이와 같이 되지 않는다면 정각을 성취하지 않겠나이다.

제43원 보향보훈원

제가 부처 될 적에 아래로는 땅에서부터 위로는 허공에 이르기까지 궁전과 누각, 칠보연못과 보배수 등 국토에 있는 일체 만물이 모두 다 무량한 보배 향이 합하여 이루어지고, 그 향이 시방세계에 두루 퍼져서 그 향을 맡는 중생들은 부처님의 행을 닦도록 하겠나이다. 만약 이와 같이 되지 않는다면 정각을 성취하지 않겠나이다.

제44 보등삼매원 · 제45 정중공불원

제가 부처 될 적에 시방세계 불찰토의 모든 보살성중이 저의 명호를 듣고 나서 모두 청정 · 해탈 · 보등삼매를 체득하고, 일체 깊은 총지를 지니며 삼매에 머물러 성불에 이르도록 하겠나이다. 선정 속에서 항상 무량무변의 일체제불께 공양드리고 선정을 잃지 않도록 하겠나이다. 만약 이와 같이 되지 않는다면 정각을 성취하지 않겠나이다.

제46 획다라니원 · 제47 문명득인원 · 제48 현증불퇴원

제가 부처 될 적에 타방세계의 모든 보살성중이 저의 명호를 들으면 생사를 여의는 법을 증득하고 다라니를 획득하도록 하겠나이다. 청정하고 환희하여 평등에 안온히 머물며, 보살행을 닦고 공덕의 근본을 구족하여, 감응할 때 일 · 이 · 삼의 법인을 획득하도록 하겠나이다. 모든 불법에서 불퇴전을 현증할 수 없다면 정각을 성취하지 않겠나이다.

제7품 반드시 정각을 성취하리라

부처님께서는 아난에게 말씀하시길, "이때 법장 비구는 이 서원을 말하고 게송으로 노래하였느니라."

저는 일체세간 뛰어넘은 뜻 세웠으니
반드시 위없는 불도를 이루겠나이다.
이러한 원을 이루지 못한다면
맹세코 저는 등정각을 성취하지 않겠나이다.

또한 일체중생들의 대시주가 되어서
가난한 자, 고통 받는 자를 두루 구제하겠나이다.
저 모든 중생들로 하여금
기나긴 밤 동안 근심과 고뇌 없게 하며
갖가지 선근이 생겨나게 하여
보리과를 성취하도록 하겠나이다.

제가 무상정각을 성취한다면
저의 명호를 「무량수」라고 하리니,
저의 명호를 들은 중생들은
함께 저의 찰토에 태어나도록 하겠나이다.
부처님처럼 자마진금 빛깔의 몸과
숭묘한 상호를 원만히 구족하도록 하겠나이다.

또한 그들이 대비심으로
모든 중생들을 이롭게 하도록 하겠나이다.
욕망을 여의고, 깊은 정념이 생겨서
청정한 지혜로 범행을 닦도록 하겠나이다.

원하옵건대, 저의 지혜광명이

시방 제불세계에 두루 비추어서
세 가지 때의 어두움을 제거하고
밝은 지혜로 온갖 액난을 구제하겠나이다.

중생들에게 삼악도의 고통을 버리게 하고
갖가지 번뇌의 어두움을 소멸하게 하여
저들이 갖춘 지혜의 눈을 열어주고
여래의 광명법신을 증득하도록 하겠나이다.

갖가지 악취의 길 닫아 막고
선취의 문을 활짝 열어 주며
중생들을 위해 법의 창고 열어
공덕의 보배를 널리 베풀겠나이다.

지혜가 부처님과 상응해 걸림 없고
부처님처럼 자비의 행을 실행하여
항상 부처님처럼 제천·인간의 스승이 되고
삼계의 영웅이 되겠나이다.

사자후의 음성으로 설법하여서

일체 유정을 널리 제도하겠나이다.
제가 옛적에 세운 48서원을 원만히 이루어서
일체중생이 모두 평등하게 성불하도록 하겠나이다.

제가 세운 이 서원을 원만히 성취해내면
대천세계 제불성중이 모두 마땅히 감동하고
공중에서는 제천의 선신·호법신들이 환희하며
진기하고 미묘한 하늘 꽃을 비오듯 내려주리다.

부처님께서 아난에게 말씀하시길, "법장 비구가 이 게송을 읊고 나자 이때 상스러운 감응이 있어 두루 대지가 6종으로 진동하였고, 하늘에서는 미묘한 꽃이 비 오듯 내려와 법화가 열리는 상공 위로 흩날렸으며, 공중에서 저절로 음악이 울리면서 찬탄하여 말하길, 「법장 비구는 반드시 무상정각을 이룰 것이니라.」"

제8품 무량한 공덕을 쌓아나가다

"아난아, 법장 비구는 세자재왕 여래 앞에서, 제천·인간 대중 가운데서 이러한 대원을 발하시고서 진실의 지혜에 머무시며 용맹 정진하고, 일향으로 뜻을 전일하게 하여 미묘한 국토를 장엄하셨느니라. 그가 수행하여 성취한 불국토는 확 트여 통해 있고, 끝도 없이 광대하며, 제불국토보다 수승하게 뛰어나서 홀로 미묘하며, 건립된 국토는 영원히 변치 않아 일체만물이 쇠하지도 않고 변하지도 않느니라.

법장 비구는 무량겁에 덕행을 쌓고 심어서 탐·진·치·욕망·일체 망상을 일으키지 않았고, 색·성·향·미·촉·법에 집착하지 않았으며, 다만 과거 제불께서 닦으시던 선근을 즐겨 억념하면서 적정 행을 행하고, 헛된 망상을 멀리 여의었으며, 진제 문에 의지하여 온갖 덕의 근본을 심었느니라.

온갖 괴로움을 따지지 않고 작은 것에 만족하면서, 오로지 선법만을 구하여 일체중생들에게 진실한 이익을 베풀어 이롭게 하였으며, 자신의 서원을 이루는데 지치지 않고 인내력을 성취하였느니라.

일체 유정들에게 늘 자비롭고 인내하는 마음을 품고서 온화한 얼굴과 따뜻한 말씨로 권유하고 채찍질하며, 삼보를 공경하고 스승과 어른을 받들어 모시며, 허위로 아첨하는 마음이 없었느니라.

법장 비구가 온갖 행위로 장엄하고 궤범을 구족할 수 있었던 것은, 일체만법이 환 같다 관하여 일체경계에 삼매를 누리고 적정을 유지할 수 있었기 때문이니라. 한편으로는 구업을 잘 지켜서 남의 허물을 비난하지 않고, 신업을 잘 지켜서 율의를 잃지 않으며, 어업을 잘 지켜서 청정하고 물들지 않았느니라.

모든 대도시와 작은 촌락, 가족권속과 진귀한 보물 등에 결코 집착하지 않았으며, 항상 보시 · 지계 · 인욕 · 정진 · 선정 · 지혜의 육바라밀 행으로 중생들을 교화하여 안립하게 하고, 위없는 진정한 도에 머물렀느니라.

이와 같이 갖가지 선근을 성취하였기 때문에 태어나는 곳마다 무량한 보배창고가 저절로 감응하여 나타났나니, 혹은 장자나 거사, 부유한 집안이나 존귀한 신분이 되기도 하였고, 혹은 찰제리 국왕이나 전륜성왕이 되기도 하였으며, 혹은 육욕천의 천주 내지는 범왕이 되기도 하였느니라.

제불의 처소에서 일체제불을 존중하고 공양하길 중단한 적이 없었나니, 이와 같은 공덕은 이루 말로 다 설명할 수 없느니라.

그의 몸과 입에서는 늘 한량없는 미묘한 향기가 흘러 나와서 마치 전단향 나무와 우담바라 꽃처럼 그 향기가 무량세계에 두루 배였느니라. 태어나는 곳마다 상호가 단정 장엄하여 32상 80종호를 모두 구족하였느니라. 그의 손에서는 늘 다함이 없는 보배와 장엄 도구들이 흘러나왔는데, 일체가 필요한 것이고 최상의 물건들로 유정들을 이롭게 하고 즐겁게 하였느니라.

이러한 인연으로 무량한 중생들로 하여금 모두가 아뇩다라삼먁삼보리심을 발하도록 하였느니라."

제9품 수행과 공덕을 원만하게 성취하다

부처님께서 아난에게 말씀하시길, "법장 비구는 보살행을 닦아 무량무변한 공덕을 쌓아서 일체법에 자재함을 얻었으니, 이는 언어로 분별하여 알 수 있는 것이 아니니라. 그가 발한 서원을 원만히 이루어서 제법의 진여실상에 안온히 머물러 있었던 까닭에 장엄·위덕·광대함이 가없는 청정불토를 구족하였느니라.

아난은 부처님께서 하신 말씀을 듣고 세존께 여쭈길, "법장 보살께서 성취한 보리는 과거의 부처님입니까? 미래의 부처님입니까? 아니면 지금 현재 타방세계에 계신 부처님입니까?"

세존께서 말씀하시길, "저 여래 부처님께서는 오셔도 오시지 않고, 가셔도 가시지 않으며, 태어나시지도 입멸하시지도 않으니, 과거의 부처님도 현재의 부처님도 미래의 부처님도 아니니라.

다만 중생 제도의 원을 실행하시기 위해 현재 서방에 나타나 계시느니라. 염부제에서 백천 구지 나유타 불찰토나 떨어진 곳에 세계가 있나니, 「극락」이라 이름하느니라.

법장 비구가 성불하셨으니, 명호를 「아미타」라 하느니라. 성불하신 이래 지금까지 십겁이 지났으며, 지금 극락세계에 나타나 계시며 설법하고 계시느니라. 무량무수의 보살과 성문 대중이 있어 아미타 부처님을 공경하며 둘러싸고 있느니라."

제10품 모두 아미타불처럼 되길 발원하다

아미타 부처님께서 보살이 되어 이 대원을 구해 성취하였다고 석가모니 부처님께서 말씀하셨을 때, 아사세 왕자와 5백 명의 대장자들은 이 말씀을 듣고 모두 크게 환희하였느니라.

각자 금빛 화개를 하나씩 가지고 모두 부처님 앞으로 와서 예를 올렸나니, 화개를 부처님께 공양하고 나서 바로 한쪽 자리로 물러나 앉아 경을 듣고서 마음속으로 발원하길, "저희들이 부처 될 적에 모두 다 아미타 부처님과 같아지게 하옵소서."

부처님께서 즉시 그들의 마음을 알아차리시고, 모든 비구들에게 말씀하시길, "이들 왕자 등은 나중에 부처가 될 것이니라. 그들은 이전 세상에서도 보살도에 머물렀고, 무수 겁 이래로 4백억 부처님께 공양하였느니라. 가섭불 때에 그들은 나의 제자였고, 지금도 내게 공양하러 와서 다시 만나게 된 것이니라."

그때 모든 비구들은 부처님 말씀을 듣고서 그들을 대신하여 모두 기뻐하였느니라.

제11품 극락세계의 장엄청정

부처님께서 아난에게 말씀하시길, "저 극락세계는 무량한 공덕장엄을 구족하고 있느니라.

온갖 괴로움과 모든 고난, 악취와 마장·번뇌의 이름도 영원히 없느니라.

또한 사계절, 추위와 더위, 흐리고 비 오는 등의 기후변화가 없으며, 다시 크고 작은 강과 바다, 구릉과 구덩이, 가시나무와 자갈밭, 철위산·수미산·토석산 등의 지리환경의 차이가 없느니라.

땅은 저절로 칠보와 황금이 이루어져 있고, 넓고 반듯하여 한계가 없고, 미묘·기특하고 아름다우며, 청정 장엄이 시방 일체 세계를 뛰어넘느니라."

아난이 부처님의 말씀을 듣고 나서 세존에게 여쭈길, "만일 저 국토에 수미산이 없다면 그 사천왕천과 도리천은 무엇에 의지하여 머뭅니까?"

부처님께서 아난에게 말씀하시길, "야마천과 도솔천, 내지 색계·무색계의 일체 제천들은 무엇에 의지해 머무느냐?"

아난이 부처님께 아뢰길, "불가사의한 업력의 소치입니다."

부처님께서 아난에게 말씀하시길, "그대는 불가사의한 업력을 알고 있느냐? 그대 자신의 과보도 불가사의하고, 중생의 업보 또한 불가사의하며, 중생의 선근도 불가사의하고, 제불의 위신력과 제불의 세계 또한 불가사의하니라. 그 국토의 중생들은 공덕과 선근의 힘에 의지하고, 아미타 부처님의 행업으로 성취한 땅이며, 아미타 부처님의 위신력으로 성취한 까닭에 이렇게 안온히 머물 수 있느니라."

아난이 말하길, "업인과보는 불가사의합니다. 저는 이 법에 대하여 실로 어떤 의혹도 없지만, 미래 중생들을 위해 의혹의 그물을 찢어버리고자 하는 까닭에 이 질문을 했을 뿐입니다."

제12품 광명이 시방세계를 두루 비추다

부처님께서 아난에게 말씀하시길, "아미타 부처님의 위신 광명은 가장 존귀하고 제일로 뛰어나서, 시방제불의 광명은 미칠 수 없느니라. 아미타 부처님의 광명이 동방세계 항하의 모래알만큼이나 많은 불찰토를 두루 비추고, 남방·서방·북방, 사유·상하도 또한 다시 이와 같이 비추느니라.

제불의 정수리 위에 화현한 원광은 그 크기가 혹 일·이·삼·사 유순이고, 혹 천만 억 유순이며, 제불의 광명은 혹은 일·이 불찰토를 비추고, 혹 백천 불찰토를 비추느니라.

오직 아미타 부처님의 광명만이 무량·무변·무수의 불찰토를 두루 다 비추느니라. 제불의 광명이 비추는 거리가 멀고 가까운 것은 본래 이전 세상에서 도를 구할 때 일으킨 서원과 공덕의 크기가 크고 작아 같지 않기 때문이니라. 그들이 부처 될 적에 각자 저절로 다른 과보를 얻게 되나니, 이것은 저절로 성취되는 것이지, 미리 계획하여 만들어지는 것이 아니니라.

아미타 부처님의 광명은 아름답고 좋아서 해와 달의 광명보다도

천억 배나 더 밝고, 광명 중에 지극히 존귀하며, 부처님 중의 왕이니라.

이런 까닭에 무량수불은 또한 명호가 무량광불이고, 또한 명호가 무변광불·무애광불·무등광불이고, 또한 명호가 지혜광·상조광·청정광·환희광·해탈광·안온광·초일월광·부사의광이니라.

이와 같은 광명이 시방 일체 세계를 두루 비추니, 인연이 있어 그 광명을 보는 중생들은 마음의 때가 멸하고, 선한 마음이 생겨나며, 몸과 뜻이 부드러워지느니라. 만약 삼악도의 극심한 고통을 받는 곳에 있다 해도 이 광명을 보기만 하면 모두 휴식을 얻게 되며, 수명이 다한 뒤에는 모두 해탈을 얻게 되느니라.

만약 어떤 중생이 그 광명·위신·공덕을 듣고서 지극한 마음으로 중단하지 않고 밤낮으로 칭양·찬탄한다면 마음이 원하는 대로 그 국토에 태어나게 될 것이니라."

제13품 극락세계에는 수명과 대중이 무량하다

부처님께서 아난에게 말씀하시길, "무량수불께서는 수명이 무한히 길어서 말로 표현할 수도 숫자로 헤아릴 수도 없느니라.

또한 무수한 성문 대중은 모두 신통과 지혜에 통달하고 그 위신력이 자재하여서 손바닥에 일체 세계를 수용할 수 있느니라.

나의 제자 중 대목건련은 신통력이 제일인데, 삼천대천세계에 존재하는 모든 일체 별자리의 중생 숫자를 하루 밤낮에 다 알 수 있느니라.

설사 시방세계 중생들이 모두 연각을 성취하여, 한 분 한 분의 연각들이 수명이 만억 세가 되고, 신통력도 모두 대목건련과 같다고 하고, 그 수명이 다하고 그 지혜의 힘이 마르도록 다함께 그 수를 세어본다 할지라도 저 부처님의 법회에 모인 성문 숫자의 천만 분의 일에도 미치지 못하느니라.

비유컨대 큰 바다가 깊고 광대하며 끝이 없는데, 가령 털 한 가닥을 취해 백 개로 등분하여 미세한 먼지같이 부수어서 그 가운데 털 먼지 한 알로 바닷물을 한 방울 적신다면, 이 털 먼지의 물과 이 바다 중 어느 것이 더 많겠는가? 아난아, 저 목건련 등이 알고 있는 숫자는 저 털 먼지의 물과 같고, 아직 알지 못하는 것은 큰 바닷물과 같으니라.

저 부처님의 수명과 여러 보살·성문·천인의 수명 또한 그러하니, 계산이나 비유로 알아낼 수 있는 것이 아니니라."

제14품 보배나무가 국토에 두루 가득하다

저 여래의 국토에는 여러 가지 보배나무가 있는데, 혹은 순금나무·순은나무·유리나무·수정나무·호박나무·미옥나무·마노나무로 이들은 오직 한 가지 보배만으로 이루어져 있고, 다른 보배가 뒤섞여 있지 않느니라.

혹은 두 가지 보배, 세 가지 보배, 내지 일곱 가지 보배가 바꿔가며 함께 합하여 이루어지나니, 뿌리·가지·줄기가 이런 보배로 이루어지면, 꽃·잎·열매는 다른 보석으로 변화하여 만들어져 있느니

라. 혹은 어떤 보배나무는 뿌리가 황금으로 되어있고, 줄기는 백은으로 되어 있으며, 큰 가지는 유리로 되어 있고, 작은 가지는 수정으로 되어 있으며, 잎은 호박으로 되어 있고, 꽃은 미옥으로 되어 있으며, 열매는 마노로 되어 있느니라. 그 나머지 여러 나무들도 일곱 가지 보배가 서로 바뀌가며, 뿌리·줄기·가지와 잎·꽃·열매가 되어서 갖가지로 함께 이루어져 있느니라.

보배나무는 각각 종류별로 줄을 지어, 한 줄 한 줄 서로 알맞게 자리 잡고 있느니라. 줄기와 줄기는 서로 잘 배열되어 있고, 나뭇가지와 잎은 서로 마주보고 있으며, 꽃과 열매는 서로 대칭이고, 무성하게 자란 나무의 빛깔 광명이 찬란하게 빛나니, 너무나 수승하여 바라볼 수가 없느니라.

맑은 바람이 때맞춰 일어나면 보배나무가 바람 따라 흔들리며 오음의 소리가 울려 나오고, 미묘한 궁·상·각·치·우의 소리가 저절로 서로 조화를 이루니라. 이런 일체 보배나무들이 그 국토에 두루 펼쳐져 있느니라.

제15품 아미타불 극락도량의 보리수

또한 그 도량에는 보리수가 있나니, 높이가 4백만 리나 되고, 그 몸통의 둘레가 5천 유순이나 되며, 나뭇가지와 잎이 사방으로 2십만 리나 뻗어 있느니라.

일체 온갖 보배들이 저절로 합하여 이루어져 있고, 꽃과 열매가 열려서 무성하며, 광채가 두루 비추고 있느니라. 게다가 온갖 보배 중의 왕인 홍·녹·청·백색의 여러 마니 보배로 된 영락이 있고, 운취보 사슬로 장식된 여러 보배기둥이 있고, 금·진주로 된 방울이 나뭇가지 사이에 두루 달려 있으며, 진기하고 오묘한 보배 그물이 그 위를 덮고 있느니라. 백천만 가지 빛깔이 서로 비추어 장식하고 있고, 무량한 광염이 비추어 극한이 없느니라. 일체 장엄이 감응에 따라 나타나느니라.

미풍이 서서히 불어와 모든 나뭇가지와 잎을 흔들어 무량한 묘법을 연주하고, 그 소리가 제불 국토에 두루 퍼져서 청정 상쾌하여 자비심과 지혜가 일어나고, 미묘·평안·단아하니, 시방세계 소리 가운데 가장 제일이니라.

만약 어떤 중생이 보리수를 보거나, 소리를 듣거나, 향기를 맡거나, 그 열매를 맛보거나, 그 빛과 그림자에 닿거나, 보리수의 공덕을 생각하면 모두 다 육근이 청정·명철해져서 갖가지 번뇌와 근심이 없어지며, 불퇴전의 자리에 안온히 머물러서 불도를 이루는 경지에 이르게 되느니라.

또한 저 보리수를 보게 된 까닭에 세 가지 법인을 획득하나니, 첫째는 음향인이고, 둘째는 유순인이며, 셋째는 무생법인이니라.

부처님께서 아난에게 말씀하시길, "이와 같이 불찰토에는 꽃·열매·나무가 일체중생들에게 불사를 짓게 하나니, 이것은 모두 무량수불의 위신력인 까닭이며, 본원력인 까닭이며, 대원을 원만히 실현하신 까닭이고, 지혜를 성취하고, 물러남 없이 견고하며, 구경성불을 돕는 서원인 까닭이니라."

제16품 아미타불 극락도량의 당사와 누각

또한 무량수불의 강당과 정사, 누각과 난간 또한 모두 다 칠보가 저절로 변화해서 이루어진 것이니라. 게다가 하얀 구슬·마니보로 된 영락이 그물처럼 교차하며 매달려 장식하고 있으니, 그 광명의 미묘함은 비할 데가 없느니라. 일체 보살 성중이 거주하는 궁전도 또한 이와 같으니라.

그 중에는 지상에서 경전을 강설하거나 경전을 암송하는 이도 있고, 지상에서 경전의 가르침을 받거나 듣는 이도 있으며, 경행을 하는 이도 있고, 묵상하거나 좌선을 하는 이도 있느니라. 허공에서 경전을 강설하거나 암송하거나 가르침을 받거나 듣기도 하는 이가 있으며, 경행이나 묵상이나 좌선을 하는 이도 있느니라.

혹은 수다원과를 증득한 이도 있고, 혹은 사다함과를 증득한 이도 있으며, 혹은 아나함과와 아라한과를 증득한 이도 있느니라. 그리고 아직 아유월치를 증득하지 못한 이도 바로 아유월치를 증득하게 되느니라. 각자 도를 염하고, 도를 설하며, 도를 행함이 자재하여, 환희하지 않는 사람이 없느니라.

제17품 아미타불 극락도량의 연못 팔공덕수

또한 그 강당의 좌우에는 칠보연못이 교차하여 흐르고 있느니라.

보배연못은 길이와 넓이, 깊고 얕음이 모두 각각 하나로 같아서 잘 어울리느니라. 그 크기는 혹 십 유순, 이십 유순, 내지 백천 유순이나 되기도 하느니라. 그 연못의 물은 맑고 투명하며 향기롭고 청결하며, 8종 공덕을 구족하고 있느니라.

연못가 언덕에는 무수한 전단향 나무와 길상과 나무가 있어 꽃과 열매에서 항상 향기를 풍기고 광명이 밝게 비추고 있느니라. 긴 나뭇가지와 무성한 잎이 서로 교차하면서 연못을 덮고 있고, 갖가지 향기를 풍기니, 세상에 능히 비교할 만한 것이 없느니라. 바람을 따라 향기를 흩뿌리고, 물결을 따라 향기를 흘러 보내느니라.

또한 다시 연못은 칠보로 장식되어 있고, 연못 바닥에는 금모래가 깔려있으며, 푸른 연꽃인 우발라화 · 붉은 연꽃인 발담마화 · 노란 연꽃인 구모두화 · 흰 연꽃인 분다리화 등 갖가지 빛깔과 광명의 연꽃들이 무성하게 물 위를 두루 덮고 있느니라.

만약 저 중생들이 그 물에서 목욕을 하려고 하면, 발목까지 왔으면 하거나, 무릎까지 왔으면 하거나, 허리나 겨드랑이까지 왔으면 하거나, 목까지 왔으면 하거나, 혹 온몸을 푹 담갔으면 하거나, 혹 차가왔으면, 따뜻했으면, 급히 흘렀으면, 완만히 흘렀으면 하여도 그 물은 한 방울 한 방울 중생들의 뜻에 따르느니라. 그 연못의 물에 목욕하면 개오하고 심신이 즐거워지느니라. 또한 연못의 물은 맑고 청정하여 마치 허공처럼 형상이 없느니라. 연못바닥은 보배 모래가 환히 비추어 드러나고, 아무리 깊어도 비치지 않는 곳이 없느니라.

칠보연못에는 잔잔한 물결이 서서히 돌아 흐르고, 연못의 물을 서로 번갈아가며 쏟아 붓느니라. 물결이 무량한 미묘한 음성을 일으키니, 듣는 사람에 따라 원하는 대로 혹은 불법승의 소리, 바라밀다의 소리, 망상을 그친 적정의 소리, 생함도 멸함도 없는 소리, 십력무외의 소리를 듣기도 하고, 혹은 무성·무작·무아의 소리, 대자대비·대희대사의 소리, 감로로 관정하여 과위를 받는 소리를 듣기도 하느니라.

이와 같이 갖가지 소리를 듣고 나서 그 마음이 청정해져서 일체 분별심이 없어지고, 정직하고 평등하여, 선근을 성숙시키게 되느니라. 그 듣는 바에 따라서 법과 상응하나니, 듣고 싶은 사람은 곧바로 혼자 들을 수 있지만, 듣고 싶지 않은 사람에겐 전혀 들리지 않느니라. 극락세계 사람들은 아뇩다라삼먁삼보리심에서 영원히 물러나지 않게 되느니라.

시방세계에서 왕생한 모든 사람들은 누구나 다 칠보연못의 연꽃에서 저절로 화생하여, 모두 청허의 몸과 무극의 몸을 받게 되느니라. 그리고 다시는 삼악도·번뇌·고난의 명칭을 듣지 않고, 가설방편으로 지어낸 것조차 없으니, 하물며 실제의 괴로움이 있겠느냐? 다만 저절로 즐거운 소리만 있는 까닭에 그 국토의 이름을 「극락」이라고 하느니라.

제18품 이 세계를 뛰어넘는 희유한 환경

저 극락국토 일체중생들은 생김새와 형상이 미묘하여 이 세계의 모든 사람을 뛰어넘어 희유하고, 모두가 같은 부류로 차별의 상이 없지만, 나머지 타방세계의 풍속에 수순하는 까닭에 천인의 명칭이 있느니라.

부처님께서 아난에게 말씀하시길, "비유컨대 세간의 가난하고 괴로운 거지가 제왕의 옆에서 있으면 생김새와 형상을 어찌 견주겠는가? 제왕을 만약 전륜성왕과 비교하면 제왕이 곧 남루하게 보여 마치 저 걸인이 제왕 옆에 있는 것과 같으니라. 전륜성왕의 위덕과 상호가 제일이라 해도 도리천왕과 비교하면 또한 다시 추하고 하열해 보이니라. 가령 제석을 제육천왕과 비교한다면 설사 백천 배 하여도 서로 비교할 수 없느니라. 제육천왕을 만약 극락국토 중의 보살 성문의 광채가 나는 생김새와 형상과 비교한다면 비록 만억 배 하여도 서로 미치지 못하느니라.

극락세계 중생들이 사는 궁전·의복·음식은 마치 타화자재천왕이 누리는 것과 같을지라도 위덕·계위·신통변화는 일체 천인들이 견줄 수 없어 백천 만억 배 하여도 계산할 수 없느니라.

아난아, 마땅히 알아야 하나니, 무량수불의 극락국토는 이와 같은 공덕 장엄이 불가사의하니라."

제19품 필요한 것들이 풍족하게 갖추어져 있다

"그리고 또 극락세계 모든 중생들은 혹 이미 왕생하였거나 혹 현재 왕생하고 있거나 혹 앞으로 왕생하거나 모두 이와 같이 여러 미묘한 색신을 얻게 되고, 모습이 단정 엄숙하며, 복덕이 무량하고, 지혜가 명료하며, 신통이 자재할 것이니라.

필요한 것들이 갖가지로 풍족하게 갖추어져 있어 궁전, 의복과 장신구 향과 꽃, 깃발과 덮개 등 장엄하는 도구가 마음이 바라는 대로 나타나며, 모두 다 생각한 대로 갖추어질 것이니라.

만약 음식을 먹고 싶을 때는 칠보그릇이 저절로 앞에 나타나고, 갖가지 맛있는 음식이 저절로 그릇에 가득 담길 것이니라. 비록 이 음식이 있다 해도 실제로 먹는 자는 없나니, 다만 음식의 빛깔을 보고 냄새를 맡으며 마음으로 식사를 하느니라. 형상과 체력이 증가하지만 더러운 배설은 없으며, 몸과 마음이 유연하여 맛에 집착함이 없느니라. 식사를 마치면 음식현상이 변하여 사라지고, 식사 때가 되면 다시 나타나느니라.

또한 온갖 보배로 만든 미묘한 옷과 모자, 허리띠와 영락이 있으니, 무량한 광명과 백천 가지 미묘한 빛깔이 모두 다 갖추어져 저절로 몸에 입혀지느니라.

그들이 사는 집은 그 형상과 빛깔이 알맞게 조화를 이루고, 보배 그물이 가득 덮여 있고, 온갖 보배 방울이 매달려 있으며, 그 모습이 기묘하고 진기하며 두루 교차해 꾸며져 있느니라. 광명과 빛깔이 황홀하게 빛나며, 지극히 장엄하고 아름다우니라. 누각과 난간, 당우와 방각의 처소는 넓고 좁은 것이나, 각지고 둥근 것이나, 크거나 작거나, 허공에 있거나 평지에 있거나, 모두 청정·안온하고, 미묘하고 즐거우니라. 이 모든 것들이 생각에 응하여 앞에 나타나게 되니, 어느 것 하나 갖추어져 있지 않음이 없느니라."

제20품 공덕의 바람 불고 꽃비 내리다

"그 불국토에는 언제나 정해진 시간마다 저절로 공덕의 바람이 서서히 일어나 일체 보배그물과 온갖 보배나무로 불어와서 미묘한 소리를 내며 고와 공, 무상과 무아, 일체 바라밀을 연설하느니라.

수많은 종류의 온화하고 올곧은 덕의 향기를 퍼져나가게 하여서 그 향기를 맡은 자는 번뇌와 습기의 때가 저절로 일어나지 않느니라.

공덕의 바람이 그 몸에 닿으면 온화한 느낌이 들고 마음을 고르게 하고 뜻을 편안하게 하니, 이 즐거움은 마치 비구가 멸진정을 얻는 것과 같으니라.

그리고 공덕의 바람이 칠보나무 숲에 불어오면 흩날리는 꽃잎이 무리를 이루어 갖가지 빛깔과 광명이 불국토를 두루 가득 채우고, 꽃은 빛깔에 따라 순서를 이루어 어지럽게 뒤섞이지 않으며, 부드럽고 빛나고 정결하여 마치 도라면과 같으니라. 꽃들을 밟으면 손가락 네 마디 정도 깊이 빠졌다가, 발을 든 후에는 다시 처음과 같게 되느니라.

정해진 시간이 지난 후 그 꽃들은 저절로 사라져서 대지는 청정해졌다가 다시 새로운 꽃비가 내리는데, 밤낮 여섯 때에 따라 또다시 꽃비가 내려 대지를 두루 덮어 이전과 다름없이 아름다운 모습이니, 이와 같이 여섯 차례 순환하느니라."

제21품 보배연꽃과 부처님 광명

"또한 온갖 보배연꽃이 극락세계에 두루 가득하고, 낱낱의 보배연꽃 송이마다 백천 억의 꽃잎이 있고, 그 꽃잎의 광명은 무량한 종류의 빛깔이니, 푸른 연꽃에서는 푸른 광명이 빛나고, 흰색 연꽃에서는 흰 광명이 빛나며, 검정·노랑·주홍·자주의 광명

빛깔도 또한 그러하니라. 다시 무량하고 미묘한 보배와 백천 가지 마니보배가 진기하게 서로 비추어 장식하고, 해와 달처럼 밝게 비추니라. 저 연꽃의 크기는 혹 반 유순, 혹 일·이·삼·사, 내지 백천 유순에 이르고, 하나하나의 꽃송이마다 36백천억 광명이 나오느니라.

하나하나의 광명마다 36백천억 화신불께서 나타나시니, 화신불의 색신은 자마금색이고, 상호는 수승하고 장엄하시니라. 한분 한분의 일체 화신불께서는 또 백천 광명을 놓으시고, 시방세계 중생들을 위하여 미묘 법문을 두루 연설하시니라. 이와 같이 일체 화신불께서는 무량한 중생들을 염불성불의 바른 도법에 각각 안온히 건립하도록 도와주시느니라."

제22품 구경의 불과를 분명코 증득하다

"그리고 또 아난아, 저 불국토에는 황혼과 어두움도 없고, 불빛도 없고, 해와 달도 없고, 별빛도 없고, 낮과 밤의 현상도 없으며,

또한 세월 겁수의 명칭도 없느니라. 또한 머물러 사는 집에 대한 집착도 없고, 일체 처소에 표식도 명칭·번지수도 이미 없으며, 또한 일체 경계의 취사분별도 없느니라. 오직 청정한 최상의 즐거움만 누리느니라.

만약 어떤 선남자 선여인이 이미 왕생하였거나 앞으로 왕생할 것이거나 누구나 다 정정취에 머물러서 분명코 아뇩다라삼막삼보리를 증득하게 될 것이니라. 왜 그러한가? 만약 사정취이거나 부정취에 머문다면 아미타 부처님께서 건립하신 극락세계에 왕생하여 성불하는 정인을 깨달아 알 수 없기 때문이니라."

제23품 시방제불께서 찬탄하시다

"그리고 또 아난아, 동방에는 항하의 모래알 수만큼이나 많은 세계가 있고, 그 낱낱의 세계 가운데 계시는 항하의 모래알만큼이나 많은 부처님께서 각자 넓고 긴 혀를 내밀고, 무량한 광명을 놓으시며, 참되고 진실한 말씀으로 무량수불의 불가사의한 공덕을 칭양·찬탄하시느니라.

남방·서방·북방에 항하의 모래알만큼이나 많은 세계에 계시는 여러 부처님들께서 칭양·찬탄하심도 또한 다시 이와 같으니라. 또 사유·상하에 항하의 모래알만큼이나 많은 세계에 계시는 여러 부처님들께서 칭양·찬탄하심도 또한 다시 이와 같으니라.

왜 그러한가? 타방 세계의 모든 중생들로 하여금 저 아미타 부처님의 명호를 듣고 청정한 마음을 내어 억념·수지하게 하시고, 아미타 부처님께 귀의·공양하도록 하시며, 나아가 능히 일념의 청정한 믿음을 내고, 일체 선근을 지극한 마음으로 회향하여 저 국토에 왕생하길 발원하도록 하시려는 것이니라. 그 발원한 대로 모두 왕생하여 불퇴전을 얻고 나아가 무상정등보리를 증득하느니라."

제24품 삼배왕생의 왕생조건과 과보

부처님께서 아난에게 말씀하시길, "시방세계 제천 사람들로 그 중에 지극한 마음으로 저 나라에 태어나길 바라는 자가 있으니, 무릇 세 가지 부류가 있느니라.

그 중에서 상배인 사람은 집을 버리고 욕심을 버리고서 사문이 되어, 보리심을 발하고 일향으로 아미타 부처님을 전념하며, 여러 공덕을 닦아 저 극락에 태어나길 발원하느니라.

이러한 중생들은 수명이 다하는 때 아미타 부처님께서 여러 성중들과 함께 그 사람의 앞에 나타나시고, 짧은 시간이 지나 곧 저 부처님을 따라 그 국토에 왕생하며, 문득 칠보연꽃에서 저절로 화생하여 지혜와 용맹을 얻고, 신통이 자재하게 되느니라.

그러므로 아난아, 그 어떤 중생이 지금 세상에서 아미타 부처님을 친견하고자 한다면 마땅히 위없는 보리심을 발하여야 하고, 다시 극락세계를 전념해야 하며, 선근을 쌓고 모아서 지니고 회향하여야 하느니라. 이로 인해 부처님을 친견하고 저 국토에 태어나서 불퇴전을 얻고 나아가 위없는 보리를 증득하느니라.

그 중배의 사람은 비록 사문이 되어 수행하며 공덕을 크게 닦을 수 없어도 위없는 보리심을 발하고 일향으로 아미타 부처님을 전념하느니라. 자기 연분에 따라 수행하여 여러 좋은 공덕을 쌓나니, 재를 봉행하고 계행을 지키며, 탑과 불상을 세우며, 사문에게 식사를 공양하며, 비단 깃대를 걸고 등불을 밝히며, 꽃을 뿌리고 향을 사르느니라. 이로써 회향 발원하여 저 국토에 태어나길 발원하느니라.

그 사람이 임종할 때 아미타 부처님께서 그 몸을 화현하시니, 부처님의 진신과 같은 광명과 상호를 지니고 계시며, 일체 대중에게 앞뒤로 둘러싸인 채로 함께 그 사람 앞에 나타나셔서 그를 거두어 인도하시니, 곧바로 화현하신 부처님을 따라 그 국토에 왕생하고, 불퇴전에 머물러 위없는 보리를 증득하느니라. 공덕과 지혜는 상배 사람의 다음과 같으니라.

그 하배의 사람은 설사 여러 공덕을 지을 수는 없지만 위없는 보리심을 발하여 일향으로 아미타 부처님을 전념하고, 환희심으로 믿고 좋아하여 의심을 내지 않으며, 지극히 성실한 마음으로 그 국토에 태어나길 발원하느니라.

이 사람이 임종할 때 꿈에 저 부처님을 친견하면 또한 왕생을 얻게 되느니라. 공덕과 지혜는 중배 사람의 다음과 같으니라.

만약 어떤 중생이 다른 대승법문에 머물러 수행하다가 청정한 마음으로 아미타 부처님을 향하여 내지 십념이라도 그 국토에 태어나길 발원하거나, 매우 깊은 염불법문을 듣고서 즉시 믿음을 내고 이해하여 내지 일념의 청정한 마음을 획득하고 일념의 마음을 발하여 저 부처님을 염하면, 이 사람이 목숨을 마칠 때에는 꿈결같이 아미타 부처님을 친견하고, 반드시 저 국토에 왕생하여 불퇴전을 얻고 위없는 보리를 증득하게 되느니라."

제25품 삼배왕생의 정인

"그리고 또 아난아, 만약 어떤 선남자 선여인이 이 경전을 듣고 수지·독송·서사·공양하면서 밤낮으로 중단 없이 극락찰토에 태어나길 간구한다면, 보리심을 발하고, 온갖 금계를 지니고 견고히 지켜서 범하지 않는다면, 유정들을 널리 이롭게 하고, 자신이 지은 선근까지도 전부 베풀어서 안락을 얻도록 하며, 자신도 서방극락의 아미타 부처님과 그 국토를 억념한다면 이 사람의 목숨이 다 할 때 부처님과 같은 색신 상호와 온갖 공덕장엄을 지니고 보배 찰토에 태어나서 곧바로 아미타 부처님을 친견하고 법문을 들으며 영원히 물러나지 않느니라.

그리고 또 아난아, 만약 어떤 중생이 저 국토에 태어나고자 한다면 비록 크게 정진하여 선정을 닦을 수 없다 하더라도 경전과 계율을 수지하면서 선업을 지어야 하느니라. 이른바 첫째 살생을 하지 말며, 둘째 도둑질을 하지 말며, 셋째 삿된 음욕을 짓지 말며, 넷째 거짓말을 하지 말며, 다섯째 꾸미는 말을 하지 말며, 여섯째 험한 말을 하지 말며, 일곱째 이간질하는 말을 하지 말며, 여덟째 탐내지 말며, 아홉째 성내지 말며, 열째 어리석지 말지니라. 이와 같이 밤낮으로 극락세계 아미타 부처님의 온갖 공덕과 온갖 장엄을 사유하고, 지극한 마음으로 귀의하여 정례하고 공양을 올린다면, 이 사람이 임종할 때 놀라지도 두려워하지도 않고 마음이 전도되지도 않으며 곧바로 저 불국토에 왕생하게 될 것이니라.

만약 하는 일과 지닌 물건이 번다하여 집을 떠날 수 없고, 재계를 크게 닦아 일심을 청정하게 할 겨를이 없다면 한가한 시간이 날 때 심신을 단정히 하여 욕심을 끊고, 근심을 내려놓고서 자비심으로 정진할지니라. 진노하거나 질투하지 말며, 음식을 탐하지도 아까워하지도 말며, 도중에 후회하지 말며, 여우처럼 의심하지 말지니라. 효도하고 순응하며, 지극한 성심으로 충성과 신의를 다할지니라. 부처님 경전 말씀의 깊은 뜻을 믿고, 선행을 하면 복을 얻게 됨을 믿을지니라. 이와 같은 모든 선법을 받들고 수지하되, 훼손하지도 잃어버리지도 말지니라.

윤회에서 벗어나길 바라며 사유하고 상세히 헤아리며, 밤낮으로 늘 부처님을 생각하고 아미타 부처님의 청정 불국토에 태어나고자 발원하길, 열흘 밤낮 내지 하루 밤낮 동안 중단하지 않는 사람은 목숨이 다할 때 모두 다 그 국토에 태어나게 될 것이니라.

보살도를 행하여 왕생하는 사람들은 모두 다 아유월치를 얻고, 모두 자마진금 빛깔의 몸과 32종 대장부상을 구족하여 모두 부처가 될 것이니라. 어느 방위의 불국토에서든 부처가 되고자 하면 마음이 원하는 대로 그 정진에 따라 빠르고 늦음이 있어도, 쉬지 않고 도를 구하면 이를 얻을 것이고, 그 발원한 것을 잃지 않을 것이니라.

아난아, 이러한 의리와 이익 때문에 무량무수하고 불가사의하고 무등등하며 가없는 세계의 제불여래께서 모두 함께 무량수불의 모든 공덕을 칭양·찬탄하시느니라."

제26품 아미타불께 예배공양하고 법을 듣다

"그리고 또 아난아, 시방세계 여러 보살 성중들은 극락세계 무량수불께 예배를 드리고자 하여 각자 향과 꽃, 당번과 보개를 가지고 부처님의 처소로 가서 공경하는 마음으로 공양을 올리고, 경법을

듣고 수지하느니라. 그런 후에 자신의 불국토로 돌아가 그 경법을
선포하고 바른 도로써 교화하여 극락세계의 공덕장엄을 칭양·찬
탄하느니라."

이때에 세존께서 곧 게송을 설하여 말씀하시길,

　동방에는 제불국토가 있나니
　그 수가 항하의 모래알만큼 많고,
　그곳의 항하의 모래알만큼 많은 보살성중이
　무량수불께 나아가 예배하느니라.

　남방·서방·북방과
　사유·상하도 또한 그러하니
　모두 다 존중하는 마음으로
　온갖 진귀하고 미묘한 공양구들을
　아미타 부처님께 받들어 올리느니라.

　즐겁고 기뻐서 평안하고 단아한 음성으로
　노래하며 찬탄하길, 최승존이시여!
　신통력과 지혜 구경에 통달하여

깊은 법문에 들어가 자재하게 노니셔라.

아미타 부처님 성덕의 명호 들으면
안온히 왕생성불의 큰 이익을 얻나니,
갖가지로 공양하는 가운데
게으르지 않고 부지런히 수행할 수 있다네.

저 수승한 극락찰토를 관하니
미묘하고 불가사의하며
공덕으로 두루 장엄되어 있어
제불국토는 견줄 수가 없어라.

이에 위없는 보리심을 발하여
속히 보리를 성취하길 발원하나이다.

이때 감응하시어 아미타 부처님께서
미소 가득한 얼굴로 환영하시고,
광명이 입에서 나와 시방세계를 두루 비추며
다시 돌아와 주위를 세 번 돈 후
부처님의 정수리로 들어가느니라.

보살은 이 광명을 보고
즉시 불퇴전의 과위를 증득하니,
그때 모인 일체 대중들이
서로 축하하며 기뻐하느니라.

아미타 부처님께서 설법하시는 음성은
청정하고 우레처럼 시방세계에 두루 들리며
여덟 가지 미묘한 음성으로 말씀하시나니,

「시방세계에서 오시는 보살들이여!
그대들 심원을 내가 다 알고 있나니,
큰 뜻 세워서 정토장엄을 구하면
수기 받아 반드시 부처가 되리라.

일체 유위법이 꿈 같고, 환 같고,
메아리 같은 줄 분명히 깨닫고서
미묘하고 큰 서원을 모두 다 이루어
이러한 극락찰토를 반드시 성취할지어다.

그 국토도 그림자 같은 줄 깨닫고

항상 큰 서원의 마음을 낼지어다.
구경원만한 보살도를 실현하려면
일체 공덕의 근본을 구족하여야 하나니,
수승하고 위없는 보리행을 닦아야
수기 받아 반드시 부처가 되리라.

제법의 자성본체에 통달하여
일체법이 공이고 무아임을 깨닫고서
자심으로 전일하게 청정불토를 구하여
이러한 극락찰토를 반드시 성취할지어다.」

이 설법을 들은 뒤
즐거운 마음으로 신수봉행하면
지극히 청정한 경지를 얻고
아미타 부처님께 반드시 수기 받아
등정각을 성취하리라.

무변 수승한 극락찰토는
아미타 부처님의 본원력이 나타난 것이니,
아미타 부처님 명호를 듣고 왕생하고자 발원하면

저절로 불퇴전에 이르게 되리라.

보살은 지극한 서원을 일으켜서
자기의 국토가 극락세계와 같아지길 발원하고
일체중생을 제도하겠다는 평등한 대비심으로
각자 중생들에게 보리심을 발하게 하여
윤회하는 저 몸을 버리고
모두 함께 피안에 오르게 하네.

무수한 화신을 나투어 제불찰토에 날아가
허공법계의 일체제불을 받들어 모시나니
공경심과 환희심으로 갔다가
다시 안양국으로 돌아오느니라.

제27품 시방제불의 공덕을 노래하고 찬탄하다

부처님께서 아난에게 말씀하시길, "저 불국토 보살들은 아미타
부처님 위신력의 가지를 받아 밥 한 끼 먹는 짧은 시간에 시방세계

무변의 청정찰토를 오가면서 제불께 공양하느니라.

꽃·향·당번과 같은 공양구들이 생각에 응하는 대로 바로 모두 손 안에 이르러 나타나니, 이들은 진기하고 미묘하며 기특하여서 세간에 존재하는 것이 아니니라. 이로써 제불과 보살 성중에게 공양하느니라.

그 뿌려진 꽃들은 곧바로 공중에서 하나의 꽃으로 합쳐지고, 또 그 꽃들은 모두 아래로 향하여 단정하고 원만히 둘러싸면서 화개로 변화하느니라. 꽃은 백 천 가지 광명과 빛깔이 있고, 빛깔마다 각기 다른 향기를 내뿜고 그 향기를 두루 배이게 하느니라. 화개는 작은 것도 십 유순을 가득 채우느니라. 이와 같이 바뀌어 배가 되고, 내지 삼천 대천세계를 두루 덮느니라. 그 앞뒤를 따라서 차례로 변화하였다 사라지느니라. 만약 다시 새로운 꽃이 거듭 뿌려지지 않으면 앞에 뿌려진 꽃들이 끝까지 떨어지지 않느니라. 허공에서 함께 하늘음악이 연주되면서 미묘한 소리로 부처님 공덕을 노래하고 찬탄하느니라.

짧은 시간이 지난 후 보살들이 본래 국토로 되돌아와 모두 다 칠보 강당에 모여 있노라면, 무량수불께서 큰 가르침을 자세히 베풀고, 묘법을 연설하시니, 그 설법을 듣고 환희심을 내지 않는 이가 없으며, 모두 마음이 열려 뜻을 이해하고 도를 증득하느니라.

이때에 향기로운 바람이 칠보나무에 불어와 오음의 소리가 울려 퍼지고, 무량한 미묘한 꽃잎들이 바람 따라 사방 곳곳에 뿌려져서, 자연의 공양이 이와 같이 끊어지지 않느니라. 일체 제천들도 모두 백천 가지 꽃향기와 만 가지 기악을 가지고 저 부처님과 보살 성문 대중에게 공양하며 앞뒤로 오고감이 흐뭇하고 즐거워 보이니라.

이는 모두 다 무량수불의 본원 위신력의 가지로 말미암은 것이고, 일찍이 여래께 공양하여 선근이 상속되어 모자라거나 줄지 않는 까닭이며, 잘 수습한 까닭이고, 잘 섭취한 까닭이며, 잘 성취한 까닭이니라."

제28품 극락세계 대보살의 위신광명

부처님께서 아난에게 말씀하시길, "저 불국토에 있는 보살성중은 누구나 다 팔방·상하와 과거·미래·현재의 일까지 다 꿰뚫어 보고 철저하게 들을 수가 있느니라. 그들은 제천·세간 사람들과 기거나 날거나 꿈틀거리는 벌레의 부류들이 마음속의 선하거나 악한 뜻이나, 입으로 하고자 하는 말이나, 어느 때에 제도·해탈할지, 어느 때에 도를 얻어 왕생할지 모두 미리 알 수 있느니라. 또 저 불찰토의 성문 대중의 신광은 바로 눈앞의 거리에 이르고, 보살의 광명은 백 유순이나 비추느니라.

그 가운데 두 보살이 제일 존귀하니, 두 보살의 위신광명이 삼천대천세계를 두루 비추고 있느니라."

이 말씀을 듣고 아난이 다시 부처님께 여쭈길, "저 두 분 보살의 명호는 무엇입니까?"

부처님께서 말씀하시길, "한 분은 관세음보살이라고 하고, 또 한 분은 대세지보살이라고 이름하나니, 이 두 분 보살은 사바세계에서 보살행을 닦았으며, 그 국토에 왕생하여서는 항상 아미타 부처님의 좌우에 계시고, 시방세계 무량한 부처님 처소에 가고 싶으면 마음대로 곧 도달할 수 있느니라. 지금도 이 세계에 계시면서 큰 이익과 큰 안락을 짓고 계시느니라.

세간의 선남자 선여인들이 만약 긴급한 위난·공포를 만났을 때라도, 그저 스스로 관세음보살에 귀명하기만 한다면 해탈을 얻지 못할 자가 없을 것이니라."

제29품 대보살의 원력은 크고 깊다

"그리고 또 아난아, 저 불찰토에 있는 모든 현재·미래의 일체 보살들은 누구나 다 구경에 일생보처의 지위를 얻게 될 것이니라.

그러나 다만 대원을 세우고 생사윤회의 세계에 들어 여러 중생들을 제도하기 위하여 사자후를 설하거나 큰 갑옷을 입고 큰 서원과 공덕으로 스스로 장엄하는 이들은 제외하느니라. 비록 오탁악세에 태어나 저들과 같은 모습을 나타내 보이지만, 성불에 이르기까지 언제나 악취를 받지 않나니, 왜냐하면 태어나는 곳마다 언제나 숙명을 알 수 있기 때문이니라.

무량수불의 뜻은 시방세계 모든 부류의 중생들을 제도 해탈하게 하심이니, 그들로 하여금 모두 다 그 국토에 왕생하게 하고, 모두 다 열반의 도를 얻게 하시며, 보살도를 닦는 자들로 하여금 부처가 되게 하시니라. 이미 부처가 된 후에도 서로 번갈아 가르쳐 주시고, 서로 번갈아 제도 해탈시키시느니라. 이와 같이 번갈아 가며 가르치고 제도한 중생들의 수는 이루 다 계산할 수 없느니라.

시방세계 성문보살과 모든 부류의 중생들은 저 불국토에 태어나니르바나의 도를 얻어서 부처가 되는 자의 숫자는 이루 헤아릴 수 없을 정도로 많지만, 저 부처님 국토는 언제나 변하지 않는 일진법계이니, 절대 늘어나는 일이 없느니라. 어째서 그런가? 마치 물 중의 왕인 큰 바다는 온갖 종류의 물이 다 그 속으로 흘러 들어가더라도 결코 늘거나 줄어드는 일이 없는 것과 같은 이치니라.

팔방·상하의 불국토는 수없이 많지만, 그 중에서도 아미타 부처님의 국토는 장구하고 광대하며, 밝고 즐거워서 가장 홀로 수승하니라. 이는 본래 보살이었을 때 서원을 세우고 도를 구하여서 여러 겁 동안 쌓은 공덕의 결과로 이루어진 것이니라. 무량수불의 은덕과 보시는 팔방·상하까지 다함도 없고 끝도 없으니, 그 깊고 광대함은 무량하여, 말로 다할 수 없을 정도로 수승하니라."

제30품 극락세계 보살의 수행생활

"또 아난아, 저 불찰토에 있는 일체 보살들은 선정과 지혜, 신통과 위덕을 원만하게 구족하지 않은 것이 없느니라.

보살들은 제불여래의 비밀법장을 구경까지 알아서 육근을 조복시키고 몸과 마음이 부드러워졌으며, 바른 지혜에 깊이 들어가 더 이상 어떤 습기도 남기지 않느니라. 부처님께서 행하신 바에 따라 칠각지와 팔정도를 닦고, 오안을 수행하여 진제를 비추고 속제에 통달하나니, 육안으로 간택하고, 천안으로 통달하며, 법안으로 청정하게 보고, 혜안으로 진여실상을 보며, 불안을 두루 구족하여 제법의 체성을 깨달았느니라.

보살들은 갖가지 변재를 구족하고 총지를 얻어 자재하고 걸림이 없으며, 세간을 잘 이해하여 가없는 선교방편으로 설법하나니, 그 말씀하신 법은 참되고 성실하며, 의리와 법미에 깊이 들어가느니라. 유정들을 제도하기 위해 정법을 연설하길, 「상에 걸림도 없고 작위의 모습도 없으며, 번뇌도 없고 해탈도 없으며, 일체 분별 집착이 없어 전도망상을 멀리 여의느니라.」

일체 필요한 것들에 대해 탐내거나 집착하는 일이 없고, 부처님 국토를 두루 다니면서 좋다거나 싫다거나 하는 마음을 내지 않고, 또한 구하거나 구하지 않겠다는 생각도 없으며, 또한 나와 남의 구분도 없고 거스르고 원망하는 생각도 없느니라.

왜 그런가? 저 보살들은 일체중생들을 큰 자비로 이롭게 하려는 마음을 지니고 있는 까닭에 일체 집착을 버리고, 무량공덕을 성취하느니라. 걸림 없는 지혜로써 일체법의 여여한 진상을 철저히 이해하고, 세간의 집제와 출세간의 멸제를 잘 알아서 선교방편의 말씀으로 중생들을 잘 교화하며, 세간의 말을 좋아하지 않고 정법을 좋아하느니라.

극락세계 보살은 일체법이 모두 다 공적한 줄 알아서 생사번뇌의 두 가지 남은 습기가 모두 다하도록 끊고, 삼계에서 구경원만한 일승의 법을 평등하게 부지런히 닦아 피안에 이르게 되느니라. 의심의 그물을 결단코 끊고, 무소득의 근본지를 증득하며, 방편지로써 후득지를 증장시키느니라. 아미타 부처님 본원 위신력의 가지로 신통에 안온히 머물러서 일승의 도를 증득하는 것이지, 다른 곳으로 말미암아 깨치는 것이 아니니라."

제31품 극락세계 보살의 진실한 공덕

"극락세계 보살의 지혜는 큰 바다와 같아 광대하고 깊으며, 보리는 수미산과 같아 높고 광대하며, 몸에서 나오는 위신광명은 해와 달을 뛰어넘으며, 그 마음은 설산과 같아 정결하고 순백하니라.

극락세계 보살의 인욕은 대지와 같아 일체를 평등하게 받아들이고, 청정한 행은 물과 같아 온갖 티끌과 때를 씻어주며, 지혜는 타오르는 불과 같아 번뇌의 잡초를 태워 없애주며, 집착하지 않음은 바람과 같아 아무런 장애도 없느니라. 극락세계 보살은 천둥 같은 범음으로 어리석은 중생들을 잘 깨우쳐 주며, 감로의 법을 비처럼 뿌려 중생들을 적셔주며, 심량이 허공과 같아 대자비심으로 평등하게 대하여 주며, 연꽃과 같이 청정하여 진흙탕을 여의게 하느니라. 대자비심이 니구류 나무 같아 넓은 그늘로 덮어주며, 지혜가 금강저와 같아 사견과 집착을 깨뜨려 없애주며, 신심과 원심이 철위산과 같아 온갖 마군과 외도들이 흔들어 놓을 수 없느니라.

극락세계 보살은 그 마음이 정직하고, 선교방편으로 설법하고, 결단력을 가지고 있으며, 법을 논함에 싫어함이 없고, 법을 구함에 게으르지 않으며, 계율이 유리와 같아 안팎으로 밝고 깨끗하니라. 그들이 설한 법은 중생들로 하여금 기뻐서 따르게 하며, 법고를 크게 두드리고, 법의 깃대를 높이 세우며, 지혜의 해를 비추어 어리석음의 암흑을 깨부수느니라. 마음이 순정하고 온화하며 선정에 들어 명료하게 살필 수 있어서 중생들의 대도사가 되어 나와 남을 조복시키느니라.

극락세계 보살은 중생들을 인도하여 모든 애착을 버리도록 하고, 세 가지 때를 영원히 여의게 하여, 갖가지 신통에 자재하게 노닐게

하느니라. 인력·연력·원력으로 선근이 생기게 하고, 일체 마군을
꺾어 항복시키며, 제불을 존중하고 받들어 모시니라. 그러므로
보살은 세간의 밝은 등불이고, 수승한 복전이며, 수승한 길상이며,
일체중생들의 공양을 받을 만하니라.

극락세계 보살은 위엄·광명이 성대하고 마음속이 자재 온화하며,
용맹정진하고 설법에 두려움이 없으며, 몸의 빛깔과 상호, 공덕과
변재 등의 갖가지 장엄을 구족하여, 더불어 견줄 이가 없느니라.

일체제불께서 늘 다 함께 칭찬하시길, 「극락세계 보살들은 보살
의 모든 바라밀을 구경 원만하게 이루어 불생불멸의 일체 삼매에
항상 안온히 머물고, 시방세계 도량을 두루 다니면서 성문·연각
이승의 경계를 멀리 여의느니라.」

아난아, 내가 저 극락세계를 지금 간략하게 말하였나니, 그곳에
왕생한 보살들의 진실한 공덕이 모두 다 이러하여, 만약 상세하게
말한다면 백천만겁이 지나도 이루 다 말할 수 없느니라.」

제32품 극락세계에는 수명과 즐거움이 무극하다

부처님께서 미륵보살과 제천·인간 등에게 말씀하시길, "무량수불의 국토에 있는 성문·보살들의 공덕과 지혜는 이루 말로 다 칭찬할수 없고, 또한 그 국토의 미묘하고 안락하고 청정하게 장엄된 모습도이와 같거늘, 어찌 중생들은 힘써 선업을 닦지 않고 대도인 자성성덕의 명호를 염하지 않겠는가?

극락세계 보살은 타방세계로 나가서 제불여래께 공양 올리고, 극락으로 돌아와서 아미타 부처님께 공양 올리며, 경법을 지혜로 관하여일상에서 도를 실천하며, 오랜 시간 훈습하여 법희 충만해 즐거움을얻고, 재주가 뛰어나고 용감하고 지혜로우며, 신심이 견고하여 도중에 물러나지 않고 뜻을 게을리 하지 않느니라. 겉모습은 밖으로는더디고 느리지만, 속으로는 홀로 빨리 달리고 민첩하며, 그 심량은허공과 같이 청정광대하여 일체를 포용하고, 꼭 알맞게 중도에 들어맞으며, 속마음과 겉모습이 하나로 상응하여 위의가 저절로 엄정하느니라.

극락세계 보살은 항상 자신을 점검하고 수렴하여서 행동을 단정히하고 마음을 정직하게 하며, 몸과 마음이 항상 정결·청정하여 일체의 애욕과 탐욕이 없으며, 뜻과 원이 안정되어 더하거나 모자람이 없느니라. 도를 구함에 있어 화평하고 중정한 마음을 유지하고, 잘못된 사견에 기울지 않으며, 경전의 가르침에 따라 자기의 심행을 약속하여 감히 넘어지거나 틀어지지 않고, 또 먹줄을 친 듯 바른 마음ㆍ바른 행으로 모두 위없는 보리의 대도를 우러러 사모할 뿐이니라.

극락세계 보살의 마음은 한없이 넓어서 망념이 없기에 근심걱정이 전혀 없고, 그들의 행위는 자성본연에서 흘러나와 작위의 모습이 없으며, 그들의 마음은 허공과 같아 한 법도 세우지 않느니라. 생활에서는 담백하고 안온하여 어떤 욕망도 일으키지 않고 살아가되, 선한 원을 세워 온 마음 다해 선교방편을 모색하고, 대자대비의 마음으로 중생들을 이롭게 할 생각뿐이니라. 중생들을 제도하는 방법은 세상의 예절과 의리에 모두 합치되고, 보살의 지혜는 세간과 출세간의 일체 사리를 싸서 뭉뚱그려 이로써 중생들을 제도하고 일생에 해탈을 얻게 하느니라.

극락세계 보살은 자성본연을 잘 보임하고 지켜서 진여본성의 청정ㆍ정결ㆍ순백을 잘 지키며, 그들의 뜻과 원은 지극히 높아 위없고 청정하고 흔들리지 않아 안락에 이르느니라. 단번에 활연히 개오하여 사무쳐 밝아서, 자성 가운데 나타나는 일진법계의 경계상과 일체현상의 자성본체를 통달하여 명백히 이해하느니

라. 자성본연의 광명과 빛깔이 서로 뒤섞여서 변화가 무궁하고, 식이 전변하여 십법계를 의정 장엄하니, 가장 수승하니라.

울단월의 세계가 칠보로 이루어져 있듯이 극락세계도 시방 세계를 모두 거두어 만물을 이루어서 광명·정미함·명정함이 모두 함께 나타나니, 그 아름답고 수승함은 어떤 세계와도 견줄 수 없느니라. 이곳의 보살들은 또한 자성공덕을 원만히 구족하여 여여한 이치가 밝게 드러남에 상하 삼세가 없고, 일체 만법에 통달함에 시방 변제가 없느니라.

저 세계와 성중의 공덕이 이러하니, 각자 부지런히 정진하여 왕생하길 구해야 하느니라. 그러면 반드시 단숨에 뛰어넘어서 무량청정한 아미타 부처님 국토에 왕생할 수 있느니라. 아미타 부처님의 가지를 얻어 육도를 횡으로 뛰어넘으면 삼악도의 문이 저절로 닫혀 버리거늘, 당생에 성불하는 무극의 수승한 대도를 닦아 누구나 극락세계에 쉽게 갈 수 있는데도 가려고 하는 사람이 없구나! 극락세계는 그 누구도 거절하고 외면하지 않는데, 타고난 죄업에 이끌려 따라 다니느라 가려하지 않는구나!

세간의 일체 욕망을 모두 놓아버리고 허공처럼 한 법도

세우지 말라. 부지런히 수행해 염불수행의 도법과 극락왕생의 공덕을 구한다면 지극히 장수를 누려서 수명과 즐거움이 무극할 텐데, 무엇 때문에 세상사에 탐착하면서 시끄럽게 떠들며 무상한 일에 근심하는가?"

제33품 권유하고 독려하여 정진하게 하시다

"세상 사람들은 급하지도 않은 일에는 서로 앞다투어 쫓아 다니지만, 생사윤회를 벗어나는 일에 관심조차 두지 않는구나! 지극히 악독하고 괴로움이 가득 찬 세상에서 몸과 마음을 고달프게 부리면서 세상일 하느라 고생하며 자신의 욕망을 채우기 위해 쓸데없이 바쁘게 살아가는구나. 윗사람이거나 아랫사람이거나 가난하거나 부유하거나 남녀노소 할 것 없이 하나같이 고민하고 근심 걱정하며 남보다 더 잘 되려는 마음에 실속 없이 뛰어다니기만 하는구나!

논밭이 없으면 논밭이 없어 걱정이고, 집이 없으면 집이 없어 걱정이고, 권속과 재물이 있어도 없어도 걱정이고, 이런 것이 있으면 저런 것이 적다고 여겨 남들과 똑같이 가지려고 하는구나.

마침 조금 가지게 되면 또 생각지도 못한 사태가 일어나지 않을까, 물난리나 화재를 만나서 타버리고, 떠내려가고, 도적이나 원수나 빚쟁이를 만나서 빼앗겨서 재물이 흩어지고, 없어지지 않을까 걱정하는구나.

마음이 인색하고 뜻이 완고하여 아무것도 내려놓지 못하고 연연하지만, 목숨이 다할 때 버리고 가야 하니, 그 무엇도 가지고 갈 수 없느니라. 이는 가난하거나 부유하거나 모두 똑같아서, 모두가 만 갈래 근심과 고뇌를 지닌 채 살아가는구나.

세상 사람들은 부자와 형제, 부부와 친척 사이에 서로 공경하고 사랑해야 하며, 서로 미워하거나 질투하는 일이 없어야 하느니라. 재산이 있든지 없든지 간에 서로 도와야 하고 탐하거나 아까워하는 일이 없어야 하며, 말과 안색을 늘 부드럽게 가지고 서로 거스르고 비뚤어지지 말아야 하느니라. 혹 때로는 마음에 다른 의견이 생겨 서로 양보하지 못하고, 혹 때로는 화내고 분노하는 일이 있어서 다음 세상에 더 치열해져 큰 원수가 되기도 하느니라. 그래서 세상일에 더욱 근심이 쌓이고 손해를 입게 되니, 비록 당장 닥치지 않을 때라도 서둘러 화해할 방법을 찾아야 하느니라.

세상 사람들은 누구나 애욕 속에서 홀로 나서 홀로 죽고, 홀로 가고 홀로 오며, 괴로움과 즐거움을 스스로 감당해야 하니, 대신해 줄 사람은 없느니라. 선악이 변화하여 태어나는 곳마다 선악의 업인이 따라 다니지만, 각자 가는 길이 달라서 다시는 만날 기약이 없나니, 어찌하여 건강할 때 선을 닦으려 노력하지 않고, 무엇을 기다리고 있는가?

세상 사람들은 선악을 스스로 알지 못해 각자 경쟁하듯 길흉화복을 짓고, 자신이 어리석어 악업을 지으며 정신이 어두워서 지혜가 없느니라. 외도의 가르침을 이리저리 받아들이며, 뒤바뀐 마음이 계속 이어져서 육도윤회로 생사가 끊어지지 않고, 탐·진·치로 말미암아 악을 짓느니라. 정신이 멍하고 컴컴하여 부딪치고 충돌하는데, 그 원인은 부처님의 말씀을 믿지 않기 때문이니라. 멀리 내다보지 못하고 각자 눈앞의 쾌락만 추구하는데, 이는 분노에 미혹되고 재색을 탐하여 끝내 그치지 못하기 때문이니, 애통하고 가슴 아플 따름이니라.

과거의 사람들은 선을 행하지 않고 도덕을 알지 못하였으며, 이를 말해주는 사람조차 없어 세상살이가 이런 지경에 이르렀으니, 전혀 이상할 것도 없느니라. 이들은 생사 육도윤회의 과보와 선악의 업인을 모두 믿지 않았고, 아예 이러한 일은 없다고 말하였느니라.

죽어서 이별하는 모습을 바라보면 스스로 알 수 있나니, 혹 부모는 자식이 죽어서 울기도 하고, 혹 자식은 부모가 죽어서 울기도 하며, 형제와 부부는 더욱더 서로 흐느껴 우나니, 한 사람은 죽고 한 사람은 살아서 서로 애틋하게 그리워하여 놓아버리지 못하고, 근심과 애착에 마음이 결박되어 벗어날 때가 없으며, 부부의 정을 생각하여 욕정을 여의지 못하느니라. 이러한 상황에 대해 깊이 생각하고 잘 헤아려서 전일하게 정성 다해 도를 행할 수 없다면 나이와 수명이 다하는 때에 이르러 어찌할 도리가 없느니라. 도에 미혹한 자는 많지만, 도를 깨달은 자는 적어서 각자 남을 죽이려는 독한 마음을 품어 사악한 기운이 가득하고 마음이 어두컴컴해 망령되게 일을 저지르고, 자성의 천진하고 선량함을 거스르며, 제멋대로 죄를 짓고 극악무도하니, 문득 하늘에서 그 목숨을 빼앗아 악도에 떨어져 벗어날 기약이 없느니라.

그대들은 깊이 생각하고 잘 헤아려 온갖 악을 멀리 여의고, 선을 선택하여 부지런히 행해야 하느니라. 애욕과 영화는 늘 유지될 수 없고, 모두 헤어져 여의는 것으로 즐거워할 만한 것이 하나도 없나니, 부지런히 정진하여 안락국에 태어나길 구해야 하느니라. 그곳에 태어나면 지혜에 밝고 통달하여 공덕이 수승하느니라. 욕망에 따라 멋대로 행동하지 말지니, 이해하고 행하는 것이

완전하지 못하고 결함이 있으며, 경전의 가르침을 저버리게 되어 윤회의 고통을 피하지 못하느니라. 설사 장래에 다시 이러한 법문을 만나서 왕생을 구한다 하더라도, 이미 다른 사람들보다 뒤처지게 될 것이니라."

제34품 마음이 열리고 명백히 이해하다

미륵보살이 부처님께 아뢰길, "부처님께서 설하신 경법은 이치가 매우 깊고, 마음에 와 닿게 잘 말씀하십니다. 일체중생들은 모두 자비로운 은혜를 입어서 근심과 고통으로부터 벗어날 수 있습니다. 부처님께서 법의 왕이 되시니, 그 존귀함은 모든 성인을 뛰어넘습니다. 광명 지혜는 시방세계를 사무쳐 비추고 통달하여 무극하니, 두루 일체 제천·인간의 스승이 되십니다. 지금 부처님을 뵙고, 또한 아미타 부처님의 말씀을 듣고 무량수경의 법음을 들을 수 있으니, 어찌 기쁘지 않을 수 있겠습니까? 저희들은 마음이 열리어 명백히 이해하였습니다."

부처님께서 미륵보살에게 말씀하시길, "부처님을 공경하는 사람들은 모두 다 선근이 큰 사람이니, 성실하게 염불하여 여우 같은 의심 끊어버리고, 모든 애욕을 뿌리 뽑으며, 온갖 악의 근원을 막고서 삼계를 두루 다니며 아무런 걸림 없이 바른 도를 열어 보이고, 아직 제도 받지 못한 중생들을 제도하느니라.

그대들은 시방세계 사람들이 영겁 이래 오악도를 전전하면서 근심 고통을 끊지 못하여 태어날 때 고통을 겪고, 늙을 때 또한 고통을 겪으며, 병들어 극심한 고통을 겪고, 죽을 때 극심한 고통을 겪느니라. 몸에 악취가 나서 깨끗하지 못하니, 즐겁다고 말할 수 없느니라. 스스로 결단하여 마음의 때를 씻고, 언행을 성실히 하고 신뢰를 지켜야 하며, 겉과 속이 상응하여야 하느니라. 이러한 사람은 스스로를 제도하고 서로 번갈아 도와주고 구제할 수 있느니라.

지극한 마음으로 발원하고 구하여 선근의 근본을 쌓으면, 비록 한 세상 부지런히 고행 정진하더라도 잠깐 사이일 뿐, 나중에 무량수불의 국토에 태어나 즐거움이 끝이 없을 것이고, 생사윤회의 뿌리를 영원히 뽑아 버려 다시는 고통번뇌의 우환이 없을 것이며, 수명이 천만 겁이고 뜻대로 자재할 것이니라.

그대들은 각자 정진하여 마음에 발원한 극락왕생을 구해야 하고,

의심을 품고 도중에 후회하지 말라. 그러면 자신에게 허물이 되니, 나중에 저 극락 변지, 칠보성에 태어나서 5백 년 동안 여러 액난을 받게 될 것이니라."

미륵보살이 부처님께 아뢰길, "부처님의 분명한 가르침을 받았 사오니, 오로지 정성 다해 수학하고 가르침대로 봉행하여 감히 의심하지 않겠습니다."

제35품 오탁악세의 다섯 가지 악·고통·타오름

부처님께서 미륵보살에게 말씀하시길, "그대들이 이 세상에서 바른 마음과 진실하고 정성스런 마음으로 온갖 악을 짓지 않는다면 참으로 대덕이 될 것이니라. 왜 그러한가? 시방세계에는 선이 많고 악이 적어서 쉽게 법문하고 쉽게 교화하지만, 오직 이 다섯 가지 악이 가득한 사바세계만이 가장 괴로움이 극심하니라. 지금 내가 이곳에서 부처가 되어 중생들을 교화하여, 다섯 가지 악을 버리고, 다섯 가지 고통을 없애고, 다섯 가지 타오름을 여의게 하여 그 뜻을 조복시키고 교화시켜서, 다섯 가지 선을 수지하게 하여 복덕을 얻게 할 것이니라.

무엇이 다섯 가지인가 하면, 그 첫째 악은 세간의 여러 중생들이 자신의 욕망에 따라 온갖 악을 짓는 것으로 강한 자는 약한 자를 억누르고, 서로 번갈아 견제하고 살해하며, 잔혹하게 죽이고 부상을 입히며, 서로 먹고 먹히기만 할 뿐, 선을 행해야 함을 알지 못하여 나중에 무서운 벌을 받게 되느니라. 이런 까닭에 가난한 자와 거지, 고아와 독거노인, 귀머거리와 장님, 벙어리와 백치, 추악한 자와 절름발이, 정신병자 등이 있나니, 이는 모두 이전 세상에서 도덕을 믿지 않았고, 기꺼이 선을 행하려고 하지 않았기 때문이니라.

세간에는 존귀한 자와 부유한 자, 현명한 자와 장자, 지혜롭고 용맹하며 재능이 뛰어난 자 등이 있나니, 이는 모두 지난 세상에서 자비와 효를 행하여 선을 닦고 덕을 쌓았기 때문이니라.

세간에는 이렇게 눈앞에 나타나는 일들이 있어 목숨이 다한 후 어두운 저승에 들어가 몸을 받아 다시 태어나니, 몸의 형상이 바뀌고 육도가 바뀌게 되느니라. 이런 까닭에 지옥과 금수, 기거나 날거나 꿈틀거리는 벌레의 권속이 있나니, 비유컨대 세간의 법으로 감옥에 들어가 격심한 고통과 극형을 받는 것처럼 영혼은 그 죄업에 따라 삼악도로 가서 고통을 받으며 그곳에서 받는 수명은 길기도 하고 짧기도 하느니라. 또한 원수와 빚쟁이처럼 서로 쫓아다니면서 같은 곳에 태어나 서로 보상을 받으려 하는데, 재앙과 악업이 다하기 전에는 끝내 떨어질 수 없어 그 가운데 전전하면서 여러 겁이 지나도록 벗어나기 어려우며 해탈을 얻기도 어려우니, 그 고통은 이루 다 말할 수 없느니라.

천지간에 저절로 이러한 일이 있으니, 비록 즉시 갑작스럽게 과보를 받지 않는다 하더라도 선악은 반드시 과보를 받게 되느니라.

그 둘째 악은 세상 사람들은 법도를 따르지 않고 사치하고 음란하며, 교만하고 방종하며 제멋대로 방자하게 행동하고, 윗자리에 있으면서 밝지 못하고, 지위가 있어도 바르지 않아서 다른 사람들을 모함하고 억울한 누명을 씌워, 성실하고 착하게 살아가는 사람들에게 손해를 끼치며, 마음과 입이 각기 달라서 허위로 속이는 일이 많으며, 윗사람이거나 아랫사람이거나 가족이거나 바깥사람이거나 서로 속고 속이고 있느니라. 성내고 어리석어서 스스로 자기를 이롭게 하고자 더욱 탐내고 더 많이 소유하려 하다가 이익과 손해, 승리와 패배가 서로 엇갈려서, 마침내 화를 참지 못해 서로 원수가 되고, 집안이 풍비박산이 나며, 자신이 망가져버려도 도무지 앞뒤를 돌아볼 줄 모르니라.

어떤 사람은 부유하면서도 인색하여 도무지 베풀려고 하지 않고, 탐심이 무거워서 더 가지고 싶은 마음에 마음은 수고롭고 몸이 고달파도 끝내 따르는 것은 하나도 없고, 선악의 업력으로 화와 복만이 몸을 받을 때마다 따라다녀서 즐거운 곳에 태어나기도 하고, 고통스러운 곳에 태어나기도 하느니라. 또한 어떤 사람은 선한 이를 보면 오히려 미워하고 헐뜯으려고만 할 뿐 공경하거나 배우고 싶은 마음이 없으며, 늘 빼앗고자 하는 마음을 품고 남의 이익과 재물을 빼앗아 자신이 사용하고, 모두 사용한 후에도 거듭 빼앗으려고 하느니라.

이러한 사람들은 신명(아뢰야식)에 반드시 기록되어 끝내 악도에 들어가니, 저절로 삼악도를 윤회하면서 무량한 고뇌를 겪게 되고, 그 가운데 전전하면서 여러 겁이 지나도록 벗어날 수 없어 그 고통은 이루 말할 수 없느니라.

그 셋째 악은 세상 사람들이 서로간의 업인에 기대어 태어나기 때문에 그 수명이 길어야 얼마나 되겠는가? 착하지 않은 사람은 몸과 마음이 올바르지 않아 늘 음란한 마음을 품고, 늘 방탕하게 놀 생각만 하여 욕망의 불꽃이 타올라 가슴 속에 가득하며, 음란한 행동이 바깥으로 드러나서 집안 재산을 다 탕진할 때까지 법도에 어긋난 일을 저질러도 추구해야 할 일을 오히려 행하려고 하지 않느니라.

또한 어떤 사람들은 나쁜 이들과 결탁해 무리를 모아 군사를 일으켜 서로 싸우고 공격하며, 사람들을 겁탈하고 죽이며 강탈하고 협박하며, 여기서 얻은 재물을 자신의 처자 권속에게 쓰고 몸이 망가지도록 쾌락을 쫓기 때문에 사회대중이 모두 증오하고 싫어하느니라. 이 때문에 그들은 환난을 만나게 되어서 고통을 겪게 될 것이니라.

이와 같이 악한 사람들은 인간과 귀신에게도 환히 드러나고, 신명(아뢰야식)에 기록되어 저절로 삼악도에 들어가서 무량한 고뇌를 겪게 되느니라. 이렇게 삼악도 가운데 전전하면서 여러 겁이 지나도록 벗어날 수 없으니, 그 고통은 이루 다 말할 수 없느니라.

그 넷째 악은 세상 사람들이 선행을 닦아야 한다고 생각하지 않아서 이간질하는 말과 거친 말, 거짓말과 현혹시키는 말로써 착한 사람을 미워하고 질투하며, 현명한 사람을 헐뜯고, 부모님께 불효하고, 스승과 어른을 낮추어 보아 버릇없이 굴며, 친구에게 신의가 없어 성실하다고 인정받지 못하니라.

그들은 스스로 존귀하고 잘났다고 생각하며, 자신에게 진리가 있다고 말하느니라. 또한 제멋대로 행동하고 위세를 부리며, 다른 사람의 인격을 침범하여 그들로 하여금 자신을 두려워하고 공경하기를 바라면서, 스스로 부끄러워하거나 두려워할 줄을 모르느니라.

그들은 조복시키거나 교화시키기 어렵나니, 늘 교만한 마음을 품고 있어 전생에 지은 복덕으로 아무 탈 없이 살고 있지만, 금생에 악업을 지어 그 복덕이 다 소멸되면 수명이 다해 죽을 때 온갖 악업에 에워싸여 돌아가느니라.

또한 악인의 모든 죄업은 신명(아뢰야식)에 기록되어 있어 자신이 지은 죄업이 끌어 당겨서 온갖 재앙으로부터 도망치거나 벗어날 길이 없고, 단지 전생에 지은 과보에 의해 지옥의 불가마 솥으로 끌려가 몸과 마음이 망가지고 부서지는 극심한 고통을 받게 되느니라. 그때 아무리 후회해도 이미 돌이킬 수가 없느니라.

그 다섯째 악은 세상 사람들이 범사에 머뭇거리고 게을러서 기꺼이 착한 일을 하지 않으려 하고 몸을 다스려 선업을 닦으려고 하지 않느니라. 부모님이 가르치고 타일러도 듣지 않고 오히려 빗나가고 반항하며 마치 원수처럼 지내니, 차라리 자식이 없는 것만 못하니라. 은혜를 저버리고 의리도 없으며 보답하여 갚고자 하는 마음도 없느니라.

마음이 방자하여 제멋대로 놀고, 술에 빠져 살고 맛난 음식만 밝히며, 걸핏하면 다른 사람과 충돌하고, 다른 사람의 사정도 배려하지 않으며, 의리도 없고 무례하여 그 누구도 타일러 깨우칠 수 없느니라. 집에 필요한 살림살이가 있는지 없는지 전혀 돌보지 않으며, 부모님의 은혜도 모르고 스승이나 친구에 대한 도리도 없느니라.

그들은 마음으로도 몸으로도 말로도 일찍이 한 번도 착한 일을 한 적이 없느니라. 그래서 제불의 경전과 설법을 믿으려 하지 않고, 생사윤회를 벗어날 수 있음과 선악인과의 도리도 믿지 않느니라. 나아가 진인(아라한)을 해치려고 하고 승가를 교란시키려고 하느니라. 어리석고 무지몽매하면서도 오히려 스스로 지혜롭다고 여기느니라. 그래서 그들은 태어날 때 어디에서 왔는지, 죽을 때 어디로 떠나가는지 알지도 못하느니라. 그래서 마음이 어질지도 않고 이치에 순응하지도 않으면서 오래 살길 바라느니라.

그들은 자비심으로 가르치고 타일러도 도무지 믿으려 하지 않고, 쓴 소리로 말해도 그 사람에게 아무런 이익도 없느니라. 이렇듯 그들은 두터운 번뇌에 마음이 꽉 막혀서 아무리 좋은 말을 해도 마음속이 열리고 풀리지 않느니라. 이러한 사람도 그 수명이 다할 때 뉘우치고 두려워하나, 뒤늦게 후회한들 이제 와서 무슨 소용이 있겠는가?

천지간에는 지옥·아귀·축생·인간·천인의 다섯 갈래 길이 분명하게 나누어져 있어 선과 악을 지으면 그 과보로 화와 복이 서로 이어지며, 자신이 지은 업은 자신이 받게 되어서 그 누구도 대신하지 못하느니라.

선한 사람은 착한 일을 행하여 즐거움에서 즐거움으로 들어가고, 밝음에서 밝음으로 들어가지만, 악한 사람은 나쁜 짓을 저질러 괴로움에서 괴로움으로 들어가고, 어두움에서 어두움으로 들어가나니, 누가 이러한 이치를 알 수 있겠는가? 오직 부처님만이 알고 계실 뿐이니라.

불법의 가르침을 열어 보이셨으나 이를 믿고 행하는 사람은 적나니, 쉬지 않고 생사에 윤회하고 끊임없이 악도에 떨어지느니라. 이와 같은 사람들이 많고 많아서 이루 말로 다할 수 없느니라. 그런 까닭에 저절로 삼악도에서 무량한 고뇌를 겪게 되는 것이니라. 그 가운데 전전하면서 세세 누겁에 벗어날 기약이 없고 해탈할 수도 없으니, 그 고통은 이루 말할 수조차 없느니라.

이와 같은 다섯 가지 악·다섯 가지 고통·다섯 가지 타오름은 비유컨대 큰 불길이 몸을 태우는 것과 같으니라. 만약 스스로 그 가운데 일심으로 마음을 제어하고, 몸을 단정히 하여 생각을 바르게 하고, 언행이 서로 부합하며, 지은 바가 지극히 성실하여 오직 일체 선을 짓고 어떤 악도 행하지 않으면, 그 몸은 홀로 생사를 벗어나서, 그 복덕을 얻고 장수 해탈을 얻거나 니르바나의 도를 성취하게 되리니, 이것이 다섯 가지 큰 선이니라."

제36품 거듭 가르치고 권하시다

부처님께서 미륵보살에게 말씀하시길, "내가 그대들에게 말한 것처럼 이렇게 다섯 가지 악·다섯 가지 고통·다섯 가지 타오름이 번갈아 가며 서로 인연이 되어 생겨나니, 감히 이러한 악을 저지르면 삼악도를 겪어야만 하느니라.

어떤 사람은 지금 세상에서 병에 걸리는 재앙을 먼저 받아, 죽고 싶어도 죽을 수 없고 살고 싶어도 살수 없나니, 모든 사람들에게 이런 과보를 보이게 하느니라. 어떤 사람은 목숨이 다할 때 삼악도로 들어가 혹독한 근심과 고통에 스스로 삼독의 불길이 거세게 타오르는 모습이 보이느니라.

원수들은 함께 모여 서로 해치고 죽이려고 하나니, 이러한 원한은 미세한 업인에서 시작되어 크나큰 곤란과 극렬한 보복으로 바뀌느니라. 이는 모두 재물과 색욕에 탐착하여 보시를 베풀려고 하지 않고, 각자 자신의 쾌락만 탐하여 더 이상 도리에 맞는지 틀린지 이해하지 못하기 때문이니라. 어리석음과 욕망에 떠밀려 자신만 중히 여기고 싸워서 이익을 취하려고 하며, 이렇게 부귀영화를 얻어 당장의 쾌락만을 즐길 뿐, 인욕할 줄 모르고 선을 닦는데 힘쓰지 않아 그 위세는 얼마 가지 않아 악업을 따라서 닳아져 없어지느니라.

천도(인과순환의 도리)에 따라 운행되어 저절로 바로잡아 단속하니, 악업이 무거워 과보가 바로 나타나면 의지할 곳도 없어 놀라고 당황하며 반드시 삼악도로 들어가야 하느니라. 예나 지금이나 모두 이러하니, 너무나 괴로워하는 모습에 가슴 아파하시니라.

그대들은 불경의 말씀을 얻었으니, 이를 깊이 사유하고, 각자 스스로 몸과 뜻을 단정히 하고 가르침을 준수하여 목숨이 다할 때까지 게을리 해서는 안 되느니라. 성인을 존중하고 선지식을 공경하며, 인자·박애의 정신으로 세상을 제도하길 구하여, 생사에 윤회하며 짓는 온갖 악의 뿌리를 뽑아 버리고, 삼악도에서 근심과 공포의 고통을 겪는 육도윤회를 여의어야 하느니라.

그대들이 선을 행함에 무엇이 첫째인가? 스스로 마음을 단정히 하여야 하고, 스스로 몸을 단정히 하여야 하며, 귀와 눈과 코와 입 모두를 스스로 단정히 하여야 하느니라. 몸과 마음을 청결히 하여서 선과 상응하게 하고, 욕심을 따르지 말아서 갖가지 악을 범하지 말아야 하느니라. 부드러운 말과 온화한 얼굴빛을 지닐 것이며, 신행을 전일하게 할 것이며, 동작을 살펴보아 안정되고 천천히 행해야 하느니라.

서둘러서 급하게 일하면, 실패하고 후회할 것이며, 진실하게 행하지 않으면 그 수행한 공을 잃어버리게 되느니라."

제37품 가난한 사람이 보배를 얻듯이 소중히 하라

"그대들은 널리 공덕의 근본을 심어야 하며, 진리와 금계를 범하지 말아야 하고, 인욕하고 정진하며, 자애로운 마음으로 대하고,

전일하게 뒤섞지 말고 수행해야 하느니라. 재를 봉행하고 계행을 지키며 청정심으로 하루 밤낮 동안 수행한다면, 무량수불의 국토에서 백 년 동안 선을 닦는 것보다 수승하느니라. 왜 그러한가? 저 불국토의 중생들은 모두 덕을 쌓고 온갖 선을 닦아서 털끝만큼도 악이 없기 때문이니라.

이 세상에서 열흘 밤낮 동안 선을 닦는다면, 타방세계 제불국토에서 천 년 동안 선을 행하는 것보다 수승하느니라. 왜 그러한가? 타방세계 불국토에는 복덕이 저절로 이루어져 악을 지을 곳이 없기 때문이니라.

오직 이 세간만이 선은 적고 악은 많아서, 괴로움을 마시고 번뇌를 밥 먹듯이 하면서 한 번도 제대로 편안하게 쉬어 본적이 없느니라. 그래서 내가 그대들을 불쌍히 여겨 고심해서 가르치고 설명하여 경법을 전수하나니, 모두 수지하여 사유하고, 모두 봉행하도록 하라. 윗사람이거나 아랫사람이거나 가족 권속들이거나 아는 지인들에게 서로 이 가르침의 말씀을 전하도록 하라. 스스로 약속하고 점검하여, 화해하고 수순하며, 공정하고 합리적으로 살아가도록 하라. 그리하여 범사에 기뻐하고 즐거워하며, 모든 이에게 자애로워 효의 마음이 가득하도록 하라.

자신이 행한 일에 과실을 범했다면 스스로 참회하여 악을 없애고 선으로 나아가며, 아침에 들었으면 저녁에 고쳐야 하느니라. 계율을 경전처럼 받들어 지키기를 마치 가난한 사람이 보물을 얻듯이 소중히 하여, 과거의 악행을 고치고 미래의 선행을 닦아야 하느니라. 마음속의 때를 깨끗이 씻고 행동을 바꾼다면 부처님께서 저절로 감응하여 가피를 내리실 것이니, 원하는 바를 모두 얻게 될 것이니라.

부처님의 가르침이 작용하는 곳은 국가나 대도시나 지방도시나 마을에 이르기까지 교화를 입지 않은 곳이 없어 천하가 화평하고, 해와 달이 청명하며, 비바람이 때에 맞추어 불고, 재난이 일어나지 않으며, 나라는 풍요롭고 국민은 편안하여 병사와 무기를 쓸 일이 없느니라. 또한 사람들은 도덕을 숭상하고, 인자한 사랑을 베풀며, 힘써 예절과 겸양을 닦아, 나라에 도적이 없으며, 원망하고 억울한 사람이 없으며, 강한 자가 약한 자를 능멸하지 않고, 각자 자신의 자리를 잡느니라. 이처럼 내가 그대들을 불쌍히 여기는 마음은 부모가 자식을 생각하는 것보다 더 하느니라.

나는 이 세상에서 부처가 되어 선으로써 악을 다스려 생사의 괴로움을 뽑아버리며, 그들로 하여금 다섯 가지 덕을 얻고 무위의 안온한 자리에 오르게 할 것이니라.

내가 이 세상에서 반열반에 든 후 경전에서 말씀하신 도가 점점 사라지게 될 것이니라. 사람들은 아첨하고 속이며, 다시 온갖 악을 지어서 오랜 후에 다섯 가지 타오름과 다섯 가지 고통이 극에 달할 것이니, 그대들은 서로 가르쳐 주고 훈계하며, 불경에서 말씀하신 법대로 행하고 어겨서는 안 될 것이니라."

이에 미륵보살은 합장하고 말씀드리길, "세상 사람들이 다섯 가지 악을 지어 얻는 다섯 가지 고통과 다섯 가지 타오름의 괴로운 과보는 이와 같고, 이와 같습니다. 부처님께서는 널리 자비를 베푸시고 불쌍히 여기시어, 모든 중생들이 고통의 바다에서 벗어나길 바라십니다. 이제 부처님의 간곡하신 가르침을 받았으니, 감히 거스르거나 잃어버리는 일이 없도록 하겠습니다."

제38품 부처님께 예배드리니 광명을 나타내시다

부처님께서 아난에게 말씀하시길, "아난아, 그대들이 무량청정평등각이신 아미타 부처님과 모든 보살, 아라한 등이 살고 있는 극락국토를 보고자 한다면 마땅히 해가 지는 곳, 서쪽을 향하여

서서 공경하며 머리 조아려 예배하고 「나무아미타불」을 칭념하도록 하라."

이에 아난은 바로 자리에서 일어나서 서쪽을 향해 합장하고 머리를 조아려 예배하며 여쭈길, "원하옵건대 제가 지금 극락세계의 아미타 부처님을 뵙고, 공양하며 받들어 모시고 일체 선근을 심고자 하옵니다." 이렇게 머리를 조아려 예배하는 순간, 홀연 아미타 부처님을 친견하게 되었느니라. 아미타 부처님께서는 용안이 광대하시고, 법신상호가 단정하고 엄숙하여, 마치 황금산처럼 일체 모든 세계 위로 우뚝 솟아 계셨느니라. 또 시방세계 제불 여래께서 아미타 부처님의 온갖 공덕을 칭양·찬탄하는 소리가 들려왔는데, 진허공·변법계에 걸림 없이 들리고 미래제가 다하도록 끊어지지 않느니라.

아난이 아뢰길, "저 부처님의 청정찰토는 일찍이 없었습니다. 저도 또한 즐거운 마음으로 저 국토에 태어나기를 원합니다." 세존께서 말씀하시길, "그 가운데 태어나는 자들은 이미 무량제불을 가까이 하면서 온갖 공덕의 근본을 심었던 자들이니라. 그대가 저 국토에 태어나고자 한다면 일심으로 부처님을 우러러 귀의하여야 하느니라."

이 말씀을 하실 때, 아미타 부처님께서는 곧 손바닥에서 무량한 광명을 놓아서 일체 제불세계를 두루 비추자, 제불국토가 모두 다 마치 바로 눈앞의 거리에 있는 것처럼 분명하게 나타났느니라. 아미타 부처님의 수승한 광명이 지극히 청정한 까닭에 이 세계의 모든 흑산과 설산, 금강산과 철위산, 크고 작은 모든 산과 강, 숲과 천인의 궁전 같은 일체 경계에 두루 비추지 않는 곳이 없었느니라.

비유컨대 해가 떠올라 세상을 밝게 비추듯이 지옥도·축생도·아귀도까지도 다 활짝 열어서 하나의 빛깔이 되었느니라. 마치 물의 재앙이 온 세상을 가득 채우고 그 가운데에 만물이 잠겨서 보이지 않으며, 넘실대는 물결이 끝없이 펼쳐진 물바다만 보는 것 같았느니라. 아미타 부처님의 광명도 또한 이와 같아서 성문과 보살의 일체광명은 모두 가려 덮이고, 오직 아미타 부처님의 광명만이 밝고 환하게 비추었느니라.

이 법회에 모인 사대부중과 천룡팔부, 인·비인 등 모두 다 극락세계의 갖가지 장엄을 보았느니라. 아미타 부처님께서는 저 높은 연화대에 앉아서 드높은 위덕을 드러내시고 상호에서 광명을 놓고 계셨느니라. 성문과 보살들이 아미타 부처님을 공경히 둘러싸니, 비유컨대 마치 수미산 왕이 바다 수면 위로 솟아올라 밝게 나타나 비추는 것 같았느니라. 청정하고 평정하여, 온갖 더러운 것들이나 이상한 것들이 전혀 없느니라. 오직 온갖 보물로 장엄한 곳에서, 성인과 현인이 함께 살고 있느니라.

아난과 여러 보살 성중 등은 모두 크게 환희하고 뛸 듯이 기뻐하며, 머리를 땅에 대고 예배하면서 칭념하길, "나무아미타삼먁삼불타" 라고 하였느니라.

제천·세간 사람들로부터 기거나 날거나 꿈틀거리는 벌레에 이르기까지 이 빛을 본 자는 누구나 모든 질병의 괴로움이 멈추지 않은 이가 없었고, 일체의 근심과 번뇌 또한 벗어나지 않는 이가 없었으며, 모두 다 자애의 마음으로 선업을 지으면서, 기뻐하고 즐거워하였느니라. 종과 경쇠, 거문고와 공후와 같은 악기들을 연주하지 않아도 저절로 모두 오음을 내었느니라. 제불국토에서는 제천·세간 사람들이 각자 꽃과 향을 가지고 와서 허공에 흩뿌리며 공양하였느니라.

이때 극락세계는 서방으로 백천 구지 나유타 국토를 지나서 있지만, 부처님의 위신력으로 마치 바로 눈앞에 있는 것처럼 보였고, 마치 청정한 천안으로 눈앞의 거리에 있는 땅을 보는 것 같았느니라. 저 극락세계 사람들이 이 땅을 보는 것도 역시 이와 같아서 모두 다 석가여래께서 비구들에게 둘러싸여 설법하시는 모습을 보았느니라.

제39품 미륵보살이 의견을 말하다

이때에 부처님께서는 아난과 미륵보살에게 말씀하시길, "그대들은 극락세계의 궁전과 누각, 연못과 숲 등이 미묘·청정·장엄함을 구족하고 있음을 보았느냐? 그대들은 욕계 제천에서 위로는 색구경천에 이르기까지 온갖 향과 꽃이 비처럼 내려 두루 불찰토를 장엄하는 것을 보았느냐?"

아난이 대답하길, "예, 그렇습니다. 이미 보았습니다."

"그대들은 아미타 부처님의 큰 음성이 일체 세계에 두루 퍼져서 중생들을 교화하시는 것을 들었느냐?"

아난이 대답하길, "예, 그렇습니다. 이미 들었습니다."

부처님께서 말씀하시길, "그대들은 저 국토에서 청정한 행을 구족한 성중들이 허공을 노닐 적에 궁전이 몸을 따라 다녀 아무런 장애되는 것이 없고, 시방세계를 두루 다니면서 제불께 공양하는 것을 보았느냐? 그들의 염불소리가 계속 이어지는 것을 보았느냐? 또 온갖 새들이 허공계에 머물며 갖가지 소리를 내는 것이 모두 다 부처님께서 변화하여 지은 것임을 그대들은 다 보았느냐?" 미륵보살이 아뢰길, "부처님께서 말씀하신 대로 하나하나 모두 보았습니다."

부처님께서 미륵보살에게 말씀하시길, "저 국토의 사람들 중에 태에서 나는 사람을 너희들은 또한 보았느냐?"

미륵보살이 여쭙길, "세존이시여, 저희들은 극락세계 사람들 중에 태에 머무는 자들이 마치 야마천이 궁전에 있는 것처럼 즐거워하는 모습을 보았습니다. 또 연꽃 안에서 가부좌를 하고 저절로 변화하여 나는 것도 보았습니다. 무슨 인연으로 저 국토의 사람들 중에는 태생인 자도 있고, 화생인 자도 있습니까?"

제40품 변지, 의심의 성에 갇히다

부처님께서 미륵보살에게 말씀하시길, "어떤 중생은 의심하는 마음으로 여러 공덕을 닦아서 저 국토에 태어나길 발원하지만, 부처님의 지혜가 부사의지(성소작지) · 불가칭지(묘관찰지) · 대승광지(평등성지) · 무등무륜최상승지(대원경지)임을 깨닫지 못하여 이러한 여러 지혜에 대해 의심을 품고 믿지 않지만, 윤회는 죄이고 왕생은 복임을 깊이 믿어서 선근의 근본을 닦고 익혀 그 국토에 태어나길 발원하느니라.

또한 어떤 중생은 선근을 쌓고, 보편지 · 무등지 · 위덕광대 부사의지와 같은 부처님 지혜를 희구하면서도 자신의 선근에 대해 믿음을 낼 수 없는 까닭에 청정한 불국토에 왕생하고자 하는 의지가 약해서 머뭇거리며 한결같이 지탱하지 못하느니라. 그렇지만 끊임없이 염불이 계속 이어져서 그 공덕으로 선한 발원이 근본이 되어 결실을 맺어서 여전히 왕생할 수 있느니라.

이러한 여러 사람들은 이 인연으로 비록 저 국토에 왕생하더라도 무량수불의 처소 앞에 이르지 못하고, 길이 끊겨 불국토의 경계에 있는 변지 · 칠보성 중에 머무르느니라. 이는 부처님께서 그들로 하여금 그렇게 한 것이 아니고, 신행으로 지은 것으로 마음이 저절로 향한 것이니라. 그러니 그들 또한 보배 연못의 연꽃 속에서 저절로 몸을 받아서 음식을 먹고 누리는 즐거움은 도리천과 같으니라.

그들은 그 성 안에서 나올 수 없고, 거주하는 궁전은 지상에만 있고 마음대로 크고 작게 할 수 없느니라. 5백세 동안 부처님을 친견하거나 경전 설법을 들을 수 없으며, 보살·성문 성중을 볼 수도 없느니라. 그 사람의 지혜는 밝지 못하고, 경전의 의리도 아는 것이 깊지 않으며, 마음이 열려 이해하지 못하기에 마음이 기쁘거나 즐겁지 못하니라. 이런 까닭에 그들을 태생이라 부르니라.

어떤 중생이 부처님의 지혜 내지 수승한 지혜를 분명하게 믿으면서 의심을 끊어 제거하고, 자신의 선근을 믿으면서 온갖 공덕을 지어 지극한 마음으로 회향한다면, 이러한 중생들은 모두 칠보연꽃 가운데 저절로 화생하여 결가부좌하여 앉자마자 순식간에 모든 보살들과 같이 상호와 광명, 지혜와 공덕을 구족하여 성취하느니라. 그러므로 미륵이여, 그대들은 알아야 할지니, 저 화생으로 왕생한 사람들은 지혜가 수승한 까닭이니라.

저 태생으로 왕생한 사람들은 5백세 동안 삼보를 만나지 못하며 보살의 수행생활 방법을 몰라 공덕을 닦아 익힐 수 없고, 무량수불을 받들어 모실 수도 없느니라. 그러므로 그대들은 알아야 할지니, 이 사람들은 과거 세상에 있을 때 지혜가 없어 의심의 성에 이르게 된 것이니라."

제41품 의심이 다 끊어져야 부처님을 친견할 수 있다

"비유컨대 전륜성왕이 칠보로 감옥을 지어놓고, 왕자들이 죄를 지으면 그 안에 가두는 것과도 같아서 그 감옥에는 여러 층의 누각과 화려한 궁전으로부터 보배 휘장과 황금 침상, 난간과 창문, 의자 등에 이르기까지 모두 진귀한 보배로 미묘하게 장식되어 있으며, 음식과 의복은 전륜성왕과 같이 누리지만, 그 두 발은 황금 족쇄로 묶여 있으니, 어린 왕자들이 어찌 그곳에서 즐겁게 지내겠느냐?"

미륵보살이 아뢰길. "아닙니다. 세존이시여. 그들이 감옥에 갇혀 있을 때 마음은 자재하지 않아 갖가지 방편을 써서 그곳을 벗어나고자 하고, 가까운 측근 대신들에게 도움을 구하지만 끝내 마음대로 되지 않을 것입니다. 전륜성왕이 기뻐할 때 비로소 풀려날 수 있습니다."

부처님께서 미륵보살에게 말씀하시길, "저 모든 중생들도 이와 같으니라. 만약 부처님 지혜인 광대한 지혜를 희구하는 일에 의심하고 후회에 빠지거나 자신의 선근에 대해 믿음을 낼 수 없다면, 부처님의 명호를 듣고서 신심을 일으킨 까닭에 비록 저 국토에 왕생하여도 연꽃 안에서 나오지 못하느니라. 저 연꽃 태 안에 있는 것은 마치 화원과 궁전 안에 있는 것과 같으니라. 왜 그러한가? 그 안에 있어서 어떤 더러움도 악도 없이 청정하지만, 5백세 동안 삼보를 만나지 못하고 제불께 공양을 올리거나 받들어 모실 기회가 없어 일체 수승한 선근을 닦을 수가 없느니라. 이를 괴로움으로 여기니, 기쁘고 즐거운 마음이 생기지 않느니라.

만약 이 중생이 그 죄의 근본을 알아서, 스스로 깊이 참회하고 자책하면서 그곳에서 벗어나길 구한다면 과거세에 지은 과실이 다하고 난 후에야 그곳을 벗어나서 바로 무량수불의 처소로 가서 참예하고 경법을 듣게 될 지라도 오래오래 들어야 개오하고 환희하게 되며, 또한 무량무수의 제불께 두루 공양하고, 모든 공덕을 닦을 수 있느니라.

그대 아일다여, 의심은 모든 보살들에게 너무나 큰 손해가 되며, 큰 이익을 잃게 된다는 사실을 알아야 할지니, 이런 까닭에 제불의 위없는 지혜를 분명히 이해하고 깊이 믿어야 하느니라.

미륵보살이 부처님께 아뢰길, "왜 이 세계, 어떤 부류의 중생들은 비록 선을 닦기는 하나 왕생을 구하지 않습니까?"

부처님께서 미륵보살에게 말씀하시길, "그와 같은 중생들은 지혜가 미천하여 서방세계가 천상 세계에 못 미친다고 분별하고, 즐겁지 않다고 여겨서, 저 정토에 태어나길 구하지 않는 것이니라."

미륵보살이 부처님께 아뢰길, "이러한 중생들은 허망한 분별심을 내어서 불찰토를 구하지 않으니, 어떻게 하여야 윤회를 면할 수 있겠습니까?"

부처님께서 말씀하시길, "저들이 자신이 심은 선근에 대해 상을 여의지 못하고, 부처님의 지혜를 구하지 않으며, 세간의 즐거움과 인간의 복보에만 깊이 집착하여서 비록 복을 닦는다 할지라도 인천의 과보만 구하여 과보를 받을 때 일체가 풍족하지만 결코 삼계의 감옥을 벗어날 수 없느니라. 설사 부모와 처자, 남녀 권속들이 서로 구해 주려고 하더라도 삿된 견해와 업력에 휘둘려서 버리고 떠날 수가 없으며, 항상 윤회에 머물러 자재함을 얻을 수 없느니라.

그대는 어리석은 사람들이 선근을 심지 않고, 단지 세간의 총명지혜와 변재만 가지고 삿된 마음을 증장시키는 것을 보았느냐? 이러한 사람들이 어떻게 생사의 큰 어려움을 벗어날 수 있겠느냐?

또한 어떤 중생은 비록 선근을 심어서 큰 복전을 일구었지만,

상에 취착하고 분별하여 감정적인 집착이 깊고 무거워서 윤회를 벗어나길 구해도 끝내 이룰 수 없느니라.

만약 무상지혜를 가지고 온갖 공덕의 근본을 심으면, 몸과 마음이 청정하여 분별 집착을 멀리 여읠 수 있느니라. 이때 청정 찰토에 왕생하길 구하면 부처님의 무상보리를 향해 나아갈 수 있고, 이번 생에 불찰토에 왕생하여 영원히 해탈을 얻을 수 있느니라."

제42품 많은 보살들이 서방정토에 왕생하다

미륵보살이 부처님께 여쭈길, "지금 이 사바세계와 모든 불찰토의 불퇴전 보살들은 얼마나 많이 저 극락국토에 왕생하겠습니까?"

부처님께서 미륵보살에게 말씀하시길, "이 세계에 있는 7백 20억 보살은 이미 일찍이 무수히 많은 제불께 공양을 올린 자들로 온갖 공덕의 근본을 심어서 저 부처님 국토에 왕생하게 될 것이니라. 또한 모든 소행보살들로 공덕을 닦고 익혀서 왕생할 수 있는 자들은 이루 헤아릴 수 없이 많으니라.

나의 찰토에 있는 모든 보살들이 저 국토에 왕생할 뿐만 아니라, 타방 불국토의 보살들도 역시 이와 같으니라. 원조불의 찰토로부터 18구지 나유타 보살마하살이 저 국토에 왕생할 것이니라. 또한 동북방의 보장불 찰토에서는 90억의 불퇴전 보살들이 저 국토에 왕생할 것이고, 무량음불의 찰토에서 광명불의 찰토와 용천불의 찰토, 승력불의 찰토와 사자불의 찰토, 이진불의 찰토와 덕수불의 찰토, 인왕불의 찰토와 화당불의 찰토에 있는 불퇴전 보살들로 왕생한 자는 혹 수백억이거나 혹 수백천 억이거나, 내지 만억에 이르니라.

그 열두 번째 부처님은 무상화라고 이름하나니, 그 찰토에는 무수히 많은 보살 대중이 있어 모두 다 불퇴전의 지위로 지혜롭고 용맹하여 이미 일찍 무량제불께 공양을 올렸으며, 대정진을 구족하고 발심하여 일승을 향해 나아가서 7일 중에 바로 대보살들이 백천억 겁 닦은 견고한 법을 섭취할 수 있으므로 이들 보살은 모두 마땅히 왕생할 것이니라.

그 열세 번째 부처님을 무외라 이름하나니, 그 찰토에 있는 790억의 대보살 성중에서 모든 소보살 및 비구 등까지 헤아릴 수없이 많은데, 그들도 모두 마땅히 왕생할 것이니라.

내가 시방세계 제불의 명호 및 보살 성중으로 마땅히 왕생할 자들은 다만 그 이름만 무궁 겁을 말해도 이루 다 말할 수가 없느니라."

제43품 염불인은 홀로만 가는 소승이 아니다

부처님께서 미륵보살에게 말씀하시길, "그대들은 저 여러 보살마하살들이 진실한 이익을 잘 획득하는 것을 보아라.

만약 어떤 선남자 선여인이 아미타 부처님의 명호를 듣고서 일념으로 기뻐하고 좋아하는 마음이 생겨서, 귀의하여 우러러 예를 갖추고 말씀대로 수행한다면, 그 사람은 큰 이익을 얻게 될 것을 알아야 하고, 위에서 말한 공덕을 획득할 것이니라. 어떤 하열한 마음도 없을 것이며, 또한 잘난 체하지도 않을 것이며, 선근을 성취하고 모두 다 증장시킬 것이니라. 그대는 마땅히 알아야 할지니, 이러한 사람은 소승이 아니며, 나의 법에서 제일 제자라 이름할 것이니라.

이런 까닭에 그대들 천인·세간·아수라 등에게 이르노니, 좋아하고 즐거운 마음으로 닦고 익혀서 희유한 마음을 내도록 하여라. 이 경에 대해 나를 인도하는 스승이라 생각하여서 무량한 중생들로 하여금 하루 빨리 불퇴전의 자리에 안온히 머물게 하여라. 저 광대·장엄하며 모두 불퇴보살로 수승하게 섭수하는 불찰토를 보려고 하고, 공덕을 원만하게 성취하려고 한다면 더욱 정진하며 이 염불법문을 듣도록 하여라. 왕생하여 성불하는 법을 구하고자 하는 까닭에 물러나거나 후회하거나 아첨하고 허위로 속이는 마음을 내지 않도록 하여라.

설사 큰 불길 속에 들어갈지라도 의심하거나 후회해서는 안 되나니, 무슨 까닭인가? 저 무량 억의 모든 보살 등은 모두 다 이 미묘한 법문을 희구하기 때문에 법문을 존중하며 경청하고, 그 가르침에 거스르는 마음을 내지 않느니라. 시방세계 수많은 보살들이 이 경전을 듣고자 하지만 들을 수 없나니, 이런 까닭에 그대들은 이 법을 구해야 하느니라."

제44품 보리 수기를 받다

"만약 부처님께서 멸도하시고 정법이 멸할 때까지 어떤 중생이 일체 선근의 근본을 심고, 이미 일찍 무량제불께 공양하였다면 저 여래 위신력의 가지로 말미암은 까닭에 이와 같은 광대한 법문을 얻을 수 있느니라. 아미타 부처님께서 섭취하심을 우리들이 수지하면 반드시 광대한 일체지지—切智智를 획득할 수 있고, 저 법에 대해 광대하고 수승하게 이해하여 큰 환희심을 낼 것이며, 다른 사람을 위해 자세하게 설하여 항상 즐겨 수행하라고 권할 것이니라.

모든 선남자 및 선여인 중에서 이 법에 대해 이미 구한 이도 있고, 현재 구하는 이도 있으며, 장래에 구할 이도 있을 것이니, 모두가 수승한 이익을 얻을 수 있느니라. 그대들은 이 법문에 안온히 머물러서 의심하지 말고, 일체 선근의 근본을 심을 것이며, 항상 배우고 익혀서 의심과 장애가 없게 하면 일체 종류의 진귀한 보배로 이루어진 삼계의 감옥에 들어가지 않을 것이니라.

아일다여, 이와 같은 여러 부류의 대위력을 지닌 사람들이 불법의 광대한 특별법문을 마음속에 일으킬 수 있을지라도 이 법문을

듣지 못한 까닭에 사바세계에서 1억 명의 보살들이 아뇩다라삼먁
삼보리에서 물러나게 되느니라.

만약 어떤 중생이 이 경전을 서사·공양하고 수지·독송하거나
잠깐이라도 다른 사람을 위해 이 경전을 연설하고 독송하기를
권하며, 근심과 번뇌를 일으키지 않고, 내지 밤낮으로 극락세계
및 아미타 부처님의 공덕을 사유한다면 위없는 도에서 끝내 물러나
지 않을 것이니라.

그 사람이 목숨을 마칠 때 설사 삼천대천세계에 큰불의 재난이
가득할지라도 또한 벗어나서 저 정토에 태어날 수 있느니라.
이 사람은 이미 일찍 과거에 부처님을 만나 보리수기를 받았고,
일체 여래께서 다 함께 칭찬하셨느니라. 이런 까닭에 전일한
마음으로 믿고 받아들이며, 수지·독송하고, 연설하며, 봉행하느
니라."

제45품 오직 이 경전만 홀로 세상에 남는다

"내가 지금 일체중생들을 위해 이 경법을 설한 것은 그로 하여금

무량수불과 그 국토에 있는 일체 모든 것을 볼 수 있도록 하기 위함이니, 그들이 해야 할 것은 왕생발원으로 누구나 다 구할 수 있느니라. 내가 열반에 든 이후에라도 다시는 의심을 품어서는 안 되느니라.

앞으로 올 세상에는 경전과 도법이 모두 사라질 것이니라. 나는 대자비심으로 중생들을 불쌍히 여겨 특별히 이 경전을 남기어 백 년 동안 머물게 할 것이니, 그때 어떤 중생이든 이 경전을 만나는 사람은 마음이 원하는 바에 따라 모두 제도를 받을 수 있을 것이니라.

여래께서 세상에 출현하심은 만나기도 어렵고 뵙기도 어려우며, 제불의 경전과 도법은 얻기도 어렵고 듣기도 어려우며, 선지식을 만나 법을 듣고 수행하기도 또한 어려운 일이니라. 더구나 이 경전을 듣고 믿어서 즐겨 수지하기는 어려운 것 중에서 어려우니, 이보다 더 어려운 것은 세상에 없느니라.

만약 어떤 중생이 염불하는 소리를 듣고서 자비심과 청정심이 일어나고, 뛸 듯이 기뻐하며, 온몸에 털이 곤두서거나 눈물까지 흘리는 사람이 있다면 모두 다 이전 세상에서 일찍이 불도를 닦았기 때문이니, 이런 까닭에 그는 보통 사람이 아니니라.

만약 부처님 명호를 듣고도 마음속에 여우같은 의심이 일어서 불경의 말씀에 대해 전혀 믿음이 생기지 않는다면 이런 사람은 모두 다 악도에서 온 사람으로 숙세의 재앙이 아직 다하지 않아 이번 생에 성불할 수 없나니, 이런 까닭에 마음에 여우같은 의심이 일어서 귀 기울여 믿으려고 하지 않느니라."

제46품 부지런히 닦고 굳게 지녀라

부처님께서 미륵보살에게 말씀하시길, "제불여래의 위없는 교법, 십력과 무소외, 무애와 무착의 매우 깊은 법과 바라밀 등 보살의 법은 쉽게 만날 수 없고, 설사 설법할 수 있는 사람일지라도 잘 열어 보이기 어렵고, 이 법에 대해 견고하고 깊은 믿음을 내는 사람 또한 만나기 어려우니라. 내가 지금 이치대로 이와 같이 광대하고 미묘한 법문을 상세하게 말하였으니, 일체제불께서 칭양·찬탄하시느니라. 그대들에게 부촉하나니, 잘 수호할 지어다.

일체 유정들이 기나긴 밤을 벗어나는 이익을 얻도록 하고, 중생들로 하여금 오악취에 떨어져 갖은 위험과 괴로움을 다 받는 일이 없도록 하기 위해서 나의 가르침을 잘 따라 부지런히 닦아야 하고, 부처님께 효순·공경하고 스승의 은혜를 항상 생각하여야 하며, 이 법이 오래 멸하지 않고 머무를 수 있도록 하여야 하며, 이 법을 견고한 신심으로 수지하여 훼손되거나 잃어버리지 않고, 망령되이 경전의 원문을 더하거나 빼서는 안 되느니라.

항상 이 경전을 끊임없이 독송한다면 매우 빨리 일생 중에 도를 얻을 것이니라. 나의 법은 이와 같아, 이와 같이 말하나니, 여래께서 행하신 대로 또한 따라 행해야 하고, 복을 심고 선을 닦아서 정토에 왕생하길 구해야 하느니라."

제47품 복덕과 지혜가 있어야 이 경을 들을 수 있다

이때 세존께서 게송으로 거듭 말씀하시길,

　과거생에 복과지혜 닦아놓지 않았다면
　금생에서 이정법을 들을수가 없지만은

이미여러 부처님께 공양올린 공덕으로
비로소 환희하며 이법문을 믿을수있네

악업교만 해태사견 중생마음 가로막아
여래설한 미묘법문 믿음내기 어려움은
비유컨대 장님이 오래 암흑 속에 있어
다른사람 바른길로 인도할수 없음같네

제불여래 처소에서 온갖선근 심었기에
세상사람 구하는행 바야흐로 능히닦고
듣고나서 깊이믿고 수지하고 사경하며
독송하고 칭찬하고 실천하여 공양하네

이와같이 일심으로 왕생하길 구한다면
누구라도 할것없이 극락세계 갈수있고
삼천대천 모든세상 불바다가 되더라도
부처님의 위신력의 가지받아 왕생하리

여래세존 매우깊은 광대무변 지혜바다
부처님과 부처님만 알수있는 경계라서

성문대중 부처지혜 억겁동안 사유하고
그신통력 다하여도 추측하여 알수없네

여래과지 증득공덕 부처님만 알수있고
세존만이 여래지견 열어보일 수있나니
사람몸 받기어렵고 여래뵙기 어려우며
난중난은 불법믿고 지혜열어 들음이라

일체유정 이번생에 왕생하여 부처되면
보현행원 뛰어넘어 저언덕에 오른다네
이러하니 많이듣고 널리배운 대승보살
응당나의 가르침과 여실한말 믿을지라

이와같이 미묘법문 다행히도 들었으니
어느때나 염불하여 환희심을 낼지어다
수지하여 생사윤회 중생널리 제도하니
이사람이 참선우라 부처님 말씀하시네

제48품 이 경을 듣고 나서 큰 이익을 얻다

이때 세존께서 이 경법을 설하시자 천인·세간의 1만 2천 나유타 억 중생들은 먼지와 때를 멀리 여의고 청정한 법안을 얻었으며, 20억 중생들은 아나함과를 얻었으며, 6천 8백 비구들은 모든 번뇌가 다하여 마음에 해탈을 얻었느니라. 또한 40억 보살들은 무상보리에 머물러 물러나지 않고 큰 서원을 세운 공덕으로 스스로를 장엄하였느니라. 그리고 25억의 중생들은 물러나지 않고, 무생법인을 얻었느니라.

4만억 나유타 백천의 중생들은 무상보리에 대해 일찍이 발심한 적이 없다가 지금 비로소 처음으로 발심하여, 일체 선근을 심어서 극락세계에 왕생하여 아미타 부처님을 친견하겠다는 서원을 세웠으니, 모두 다 저 여래의 불국토에 왕생하게 될 것이며, 각자 다른 방위의 불국토에서 차례로 성불하여 이름을 똑같이 묘음여래라 할 것이니라.

또한 시방세계 불찰토에서 만약 현재 왕생하거나 미래에 왕생하여 아미타 부처님을 뵙게 되는 자로 8만 구지 나유타의 사람들이 수기를 받아 무생법인을 얻고, 무상보리를 성취할 것이니라. 저 모든 유정들은 모두 아미타 부처님께서 옛날 발원한 인연으로 함께 극락세계에 왕생하게 되느니라.

이때 삼천대천세계가 6종으로 진동하였고, 또한 갖가지 희유하고 신기한 변화가 나타났나니, 부처님께서 대광명을 놓아 시방세계의 국토를 두루 비추었고, 또한 천인들은 허공에서 미묘한 음악을 연주하여 수희 찬탄하는 소리를 내었으며, 색계 제천까지도 모두 다 세존께서 이 경을 설하심을 듣고 일찍이 들어본 적이 없는 묘법이라고 찬탄하면서, 무량한 미묘한 꽃들을 분분히 내려 공양하였느니라.

아난존자와 미륵보살 그리고 모든 보살·성문과 천룡팔부, 일체 대중이 부처님께서 설하신 이 경을 듣고, 모두 다 크게 기뻐하며 신수봉행하였느니라.

불설대승무량수청정장엄평등각경 終

발일체업장근본득생정토다라니

나모 아미다바야 다타가다야 다지야타
아미리 도바비 아미리다 싣담바비
아미리다 비가란제 아미리다 비가란다
가미니 가가나 기다가리 사바하 (3회)

찬불게

아미타불 청정법신 금빛으로 찬란하고
거룩하신 상호광명 짝할이가 전혀없네

아름다운 백호광명 수미산을 둘러있고
검고푸른 저눈빛은 사해바다 비추시며
광명속에 화신불이 한량없이 많으시고
보살도를 이룬사람 또한 그지없소이다

중생제도 이루고자 사십팔원 세우시고
구품으로 중생들을 피안으로 이끄시네.

나무서방극락세계 대자대비 아미타불

나무아미타불 (염불 수에 따라 백 번 내지

천 번 하고 다시 4자염불로 바꾼다)

아미타불 (백천 번)

나무관세음보살 (3회)

나무대세지보살 (3회)

나무청정대해중보살 (3회)

삼귀의

부처님께 귀의하와 바라노니 모든중생
큰 이치 이해하고 위없는맘 내어지다

법보에게 귀의하와 바라노니 모든중생
삼장속에 깊이들어 큰 지혜 얻어지다

승가에게 귀의하와 바라노니 모든중생
많은대중 통솔하여 온갖장애 없어지다
거룩하신 모든 성중에게 예경하나이다

회향게

원하옵건대 이 공덕으로

불국정토 장엄하여서

위로 사중의 은혜 갚고

아래로 삼악도의 괴로움 건너게 하옵소서.

만약 견문이 있는 이는

모두 보리심을 발하여

이번 보신이 다할 때

함께 극락국토에 태어나지이다.

불 설 대 승 무 량 수 장 엄 청 정 평 등 각 경

佛說大乘無量壽莊嚴淸淨平等覺經

한문 독송문

노 향 찬
爐香讚

노 향 사 설　법 계 몽 훈
爐香乍熱　法界蒙熏

제 불 해 회　실 요 문
諸佛海會　悉遙聞

수 처 결 상 운　성 의 방 은
隨處結祥雲　誠意方殷

제 불 현 전 신　나 무 향 운 개　보 살 마 하 살
諸佛現全身　南無香雲蓋　菩薩摩訶薩

나 무 향 운 개　보 살 마 하 살
南無香雲蓋　菩薩摩訶薩

나 무 향 운 개　보 살 마 하 살
南無香雲蓋　菩薩摩訶薩

연 지 찬
蓮池讚

연 지 해 회　미 타 여 래
蓮池海會　彌陀如來

관 음 세 지 좌 련 대
觀音勢至坐蓮臺

접 인 상 금 계　대 서 홍 개
接引上金階　大誓弘開

보 원 리 진 애
普願離塵埃

<ruby>南無蓮池海會<rt>나무연지해회</rt></ruby> <ruby>菩薩摩訶薩<rt>보살마하살</rt></ruby>

<ruby>南無蓮池海會<rt>나무연지해회</rt></ruby> <ruby>菩薩摩訶薩<rt>보살마하살</rt></ruby>

<ruby>南無蓮池海會<rt>나무연지해회</rt></ruby> <ruby>菩薩摩訶薩<rt>보살마하살</rt></ruby>

<ruby>南無本師釋迦牟尼佛<rt>나무본사석가모니불</rt></ruby> (3회)

<ruby>開經偈<rt>개경게</rt></ruby>

<ruby>無上甚深微妙法<rt>무상심심미묘법</rt></ruby> <ruby>百千萬劫難遭遇<rt>백천만겁난조우</rt></ruby>

<ruby>我今聞見得受持<rt>아금문견득수지</rt></ruby> <ruby>願解如來眞實意<rt>원해여래진실의</rt></ruby>

불설대승무량수장엄청정평등각경
佛說大乘無量壽莊嚴淸淨平等覺經

무량청정평등각경
無量淸淨平等覺經

후한 지루가식 역
後漢 支婁迦讖 譯

불설제불아미타삼야삼불살루불단과도인도경
佛說諸佛阿彌陀三耶三佛薩樓佛檀過度人道經

일명 무량수경 일명 아미타경
一名『無量壽經』一名『阿彌陀經』

오지겸 역
吳支謙 譯

무량수경
無量壽經

조위 강승개 역
曹魏 康僧鎧 譯

무량수여래회
無量壽如來會

당 보리류지 역
唐 菩提流志 譯

불설대승무량수장엄경
佛說大乘無量壽莊嚴經

조송 법현 역
趙宋 法賢 譯

자한흘송동경이역가고견자범십유이근대유통유차오본
○ 自漢迄宋同經異譯可考見者凡十有二近代流通唯此五本

보살계제자 운성하련거 회집각역
菩薩戒弟子 鄆城夏蓮居 會集各譯

法會聖衆 第一
<small>법회성중 제일</small>

如是我聞。一時佛在王舍城、耆闍崛山中。與大比丘衆
<small>여시아문 일시불재왕사성 기사굴산중 여대비구중</small>

萬二千人俱。一切大聖、神通已達。其名曰、尊者憍陳
<small>만이천인구 일체대성 신통이달 기명왈 존자교진</small>

如、尊者舍利弗、尊者大目犍連、尊者迦葉、尊者阿難
<small>여 존자사리불 존자대목건련 존자가섭 존자아난</small>

等、而爲上首。又有普賢菩薩、文殊師利菩薩、彌勒菩
<small>등 이위상수 우유보현보살 문수사리보살 미륵보</small>

薩、及賢劫中一切菩薩。皆來集會。
<small>살 급현겁중일체보살 개래집회</small>

德遵普賢 第二
<small>덕준보현 제이</small>

又賢護等十六正士、所謂善思惟菩薩、慧辯才菩薩、觀
<small>우현호등십육정사 소위선사유보살 혜변재보살 관</small>

無住菩薩、神通華菩薩、光英菩薩、寶幢菩薩、智上菩
<small>무주보살 신통화보살 광영보살 보당보살 지상보</small>

薩、寂根菩薩、信慧菩薩、願慧菩薩、香象菩薩、寶英菩
<small>살 적근보살 신혜보살 원혜보살 향상보살 보영보</small>

薩、中住菩薩、制行菩薩、解脫菩薩、而爲上首。咸共遵
<small>살 중주보살 제행보살 해탈보살 이위상수 함공준</small>

修普賢大士之德、具足無量行願、安住一切功德法中。
<small>수보현대사지덕 구족무량행원 안주일체공덕법중</small>

遊步十方、行權方便、入佛法藏、究竟彼岸。願於無量
<small>유보시방 행권방편 입불법장 구경피안 원어무량</small>

世界成等正覺。捨兜率、降王宮、棄位出家、苦行學道、
作斯示現、順世間故。以定慧力、降伏魔怨、得微妙法、
成最正覺。天人歸仰、請轉法輪。常以法音覺諸世間。
破煩惱城、壞諸欲塹、洗濯垢汚、顯明淸白。調衆生、
宣妙理、貯功德、示福田、以諸法藥救療三苦。昇灌頂
階、授菩提記。爲敎菩薩、作阿闍黎。常習相應無邊諸
行。成熟菩薩無邊善根。無量諸佛咸共護念。諸佛刹中、
皆能示現。譬善幻師、現衆異相、於彼相中、實無可得。
此諸菩薩、亦復如是。通諸法性。達衆生相。供養諸佛。
開導羣生。化現其身、猶如電光。裂魔見網。解諸纏縛。
遠超聲聞辟支佛地。入空無相無願法門。善立方便、顯
示三乘。於此中下、而現滅度。得無生無滅諸三摩地。
及得一切陀羅尼門。隨時悟入華嚴三昧。具足總持百千
三昧。住深禪定、悉睹無量諸佛。於一念頃、徧遊一切
佛土。得佛辯才。住普賢行。善能分別衆生語言。開化顯
示眞實之際。超過世間諸所有法。心常諦住度世之道。

어일체만물　수의자재　위제서류　작불청지우　수지여
於一切萬物、隨意自在。爲諸庶類、作不請之友。受持如

래심심법장　호불종성상사부절　흥대비　민유정　연자
來甚深法藏。護佛種性常使不絶。興大悲、愍有情。演慈

변　수법안　두악취　개선문　어제중생　시약자기
辯、授法眼。杜惡趣、開善門。於諸衆生、視若自己。

증제부하　개도피안　실획제불무량공덕　지혜성명
拯濟負荷、皆度彼岸。悉獲諸佛無量功德。智慧聖明、

불가사의　여시등제대보살　무량무변　일시내집　우유
不可思議。如是等諸大菩薩、無量無邊、一時來集。又有

비구니오백인　청신사칠천인　청신녀오백인　욕계천
比丘尼五百人。淸信士七千人。淸信女五百人。欲界天、

색계천　제천범중　실공대회
色界天、諸天梵衆、悉共大會。

대교연기　제삼
大教緣起　第三

이시세존　위광혁혁　여융금취　우여명경　영창표리
爾時世尊。威光赫奕、如融金聚。又如明鏡、影暢表裏。

현대광명　수천백변　존자아난　즉자사유　금일세존
現大光明、數千百變。尊者阿難、卽自思惟。今日世尊、

색신제근열예청정　광안외외　보찰장엄　종석이래
色身諸根悅豫淸淨。光顏巍巍。寶刹莊嚴。從昔以來、

소미증견　희득첨앙　생희유심　즉종좌기　편단우견
所未曾見。喜得瞻仰、生希有心。卽從座起、偏袒右肩、

장궤합장　이백불언　세존금일입대적정　주기특법
長跪合掌、而白佛言。世尊今日入大寂定。住奇特法。

住諸佛所住導師之行、最勝之道。去來現在佛佛相念。
爲念過去未來諸佛耶。爲念現在他方諸佛耶。何故威神
顯耀、光瑞殊妙乃爾。願爲宣說。於是世尊、告阿難言、
善哉善哉。汝爲哀愍利樂諸衆生故、能問如是微妙之
義。汝今斯問、勝於供養一天下阿羅漢辟支佛。布施累
劫、諸天人民、蜎飛蠕動之類、功德百千萬倍。何以故、
當來諸天人民、一切含靈、皆因汝問而得度脫故。阿難、
如來以無盡大悲、矜哀三界、所以出興於世。光闡道敎、
欲拯羣萌。惠以眞實之利。難値難見。如優曇花、希有
出現。汝今所問、多所饒益。阿難當知、如來正覺、其智
難量、無有障礙。能於念頃、住無量億劫。身及諸根、
無有增減。所以者何、如來定慧、究暢無極。於一切法、
而得最勝自在故。阿難諦聽。善思念之。吾當爲汝。分別
解說。

法藏因地 第四
법 장 인 지   제 사

佛告阿難。過去無量不可思議、無央數劫。有佛出世。
불고아난   과거무량불가사의   무앙수겁   유불출세

名世間自在王如來、應供、等正覺、明行足、善逝、世間
명세간자재왕여래   응공   등정각   명행족   선서   세간

解、無上士、調禦丈夫、天人師、佛世尊。在世教授四十
해   무상사   조어장부   천인사   불세존   재세교수사십

二劫。時爲諸天及世人民說經講道。有大國主名世饒
이겁   시위제천급세인민설경강도   유대국주명세요

王。聞佛說法、歡喜開解。尋發無上眞正道意。棄國捐
왕   문불설법   환희개해   심발무상진정도의   기국연

王、行作沙門。號曰法藏。修菩薩道。高才勇哲、與世超
왕   행작사문   호왈법장   수보살도   고재용철   여세초

異。信解明記、悉皆第一。又有殊勝行願。及念慧力。
이   신해명기   실개제일   우유수승행원   급념혜력

增上其心、堅固不動。修行精進、無能踰者。往詣佛所、
증상기심   견고부동   수행정진   무능유자   왕예불소

頂禮長跪、向佛合掌、即以伽他讚佛。發廣大願。頌曰。
정례장궤   향불합장   즉이가타찬불   발광대원   송왈

如來微妙色端嚴　　一切世間無有等
여래미묘색단엄　　일체세간무유등

光明無量照十方　　日月火珠皆匿曜
광명무량조시방　　일월화주개닉요

世尊能演一音聲　　有情各各隨類解
세존능연일음성　　유정각각수류해

又能現一妙色身　　普使衆生隨類見
우능현일묘색신　　보사중생수류견

願我得佛清淨聲　　法音普及無邊界
원아득불청정성　　법음보급무변계

宣揚戒定精進門 　 通達甚深微妙法

智慧廣大深如海 　 內心淸淨絶塵勞

超過無邊惡趣門 　 速到菩提究竟岸

無明貪瞋皆永無 　 惑盡過亡三昧力

亦如過去無量佛 　 爲彼羣生大導師

能救一切諸世間 　 生老病死衆苦惱

常行布施及戒忍 　 精進定慧六波羅

未度有情令得度 　 已度之者使成佛

假令供養恒沙聖 　 不如堅勇求正覺

願當安住三摩地 　 恒放光明照一切

感得廣大淸淨居 　 殊勝莊嚴無等倫

輪迴諸趣衆生類 　 速生我刹受安樂

常運慈心拔有情 　 度盡無邊苦衆生

我行決定堅固力 　 唯佛聖智能證知

縱使身止諸苦中 　 如是願心永不退

至心精進 第五

법장비구설차게이　이백불언　아금위보살도　이발무
法藏比丘說此偈已、而白佛言。我今爲菩薩道、已發無

상정각지심　취원작불　실령여불　원불위아광선경법
上正覺之心、取願作佛、悉令如佛。願佛爲我廣宣經法。

아당봉지　여법수행　발제근고생사근본　속성무상정
我當奉持、如法修行。拔諸勤苦生死根本、速成無上正

등정각　욕령아작불시　지혜광명　소거국토　교수명
等正覺。欲令我作佛時、智慧光明、所居國土、教授名

자　개문시방　제천인민급연연류　내생아국　실작보
字、皆聞十方。諸天人民及蜎蠕類、來生我國、悉作菩

살　아립시원　도승무수제불국자　영가득부　세간자재
薩。我立是願、都勝無數諸佛國者、寧可得否。世間自在

왕불　즉위법장이설경언　비여대해일인두량　경력겁
王佛、卽爲法藏而說經言、譬如大海一人斗量、經歷劫

수　상가궁저　인유지심구도　정진부지　회당극과
數、尙可窮底。人有至心求道、精進不止、會當剋果、

하원부득　여자사유　수하방편　이능성취불찰장엄
何願不得。汝自思惟、修何方便、而能成就佛利莊嚴。

여소수행　여자당지　청정불국　여응자섭　법장백언
如所修行、汝自當知。淸淨佛國、汝應自攝。法藏白言、

사의굉심　비아경계　유원여래　응정변지　광연제불
斯義宏深、非我境界。惟願如來、應正徧知、廣演諸佛

무량묘찰　약아득문　여시등법　사유수습　서만소원
無量妙刹。若我得聞、如是等法、思惟修習、誓滿所願。

세간자재왕불지기고명　지원심광　즉위선설이백일십
世間自在王佛知其高明、志願深廣。卽爲宣說二百一十

억제불찰토공덕엄정　광대원만지상　응기심원　실현
億諸佛利土功德嚴淨、廣大圓滿之相。應其心願、悉現

- 218 -

與之。說是法時、經千億歲。爾時法藏聞佛所說、皆悉覩
見、起發無上殊勝之願。於彼天人善惡、國土麤妙、思
惟究竟。便一其心、選擇所欲、結得大願。精勤求索。
恭愼保持。修習功德、滿足五劫。於彼二十一俱胝佛
土、功德莊嚴之事、明了通達、如一佛刹。所攝佛國、
超過於彼。旣攝受已、復詣世自在王如來所。稽首禮
足、繞佛三匝、合掌而住。白言世尊。我已成就莊嚴佛
土、淸淨之行。佛言善哉。今正是時。汝應具說、令衆歡
喜。亦令大衆、聞是法已、得大善利。能於佛刹、修習攝
受、滿足無量大願。

發大誓願 第六

法藏白言。唯願世尊。大慈聽察。

我若證得無上菩提、成正覺已。所居佛刹、具足無量不

가사의 공덕장엄 무유지옥 아귀 금수 연비연동지
可思議、功德莊嚴。無有地獄、餓鬼、禽獸、蜎飛蠕動之

류 소유일체중생 이급염마라계 삼악도중 내생아
類。所有一切眾生、以及焰摩羅界、三惡道中、來生我

찰 수아법화 실성아뇩다라삼막삼보리 불부갱타악
剎。受我法化。悉成阿耨多羅三藐三菩提。不復更墮惡

취 득시원 내작불 부득시원 불취무상정각
趣。得是願、乃作佛。不得是願、不取無上正覺。

일 국무악도원 이 불타악취원
一, 國無惡道願・二, 不墮惡趣願

아작불시 시방세계 소유중생 영생아찰 개구자마진
我作佛時。十方世界、所有眾生、令生我剎。皆具紫磨眞

금색신 삼십이종 대장부상 단정정결 실동일류
金色身、三十二種、大丈夫相。端正淨潔、悉同一類。

약형모차별 유호추자 불취정각
若形貌差別、有好醜者、不取正覺。

삼 신실금색원 사 삼십이상원 오 신무차별원
三, 身悉金色願・四, 三十二相願・五, 身無差別願

아작불시 소유중생 생아국자 자지무량겁시숙명
我作佛時。所有眾生、生我國者。自知無量劫時宿命、

소작선악 개능통시 철청 지시방거래현재지사 부득
所作善惡。皆能洞視、徹聽、知十方去來現在之事。不得

시원 불취정각
是願、不取正覺。

육 숙명통원 칠 천안통원 팔 천이통원
六, 宿命通願・七, 天眼通願・八, 天耳通願

아작불시 소유중생 생아국자 개득타심지통 약부실
我作佛時。所有眾生、生我國者、皆得他心智通。若不悉

지억나유타백천불찰 중생심념자 불취정각
知億那由他百千佛剎、眾生心念者、不取正覺。

九, 他心通願

我作佛時。所有衆生、生我國者、皆得神通自在。波羅密
多。於一念頃、不能超過億那由他百千佛刹、周徧巡曆
供養諸佛者、不取正覺。

十, 神足通願 · 十一, 供諸佛願

我作佛時。所有衆生、生我國者、遠離分別、諸根寂靜。
若不決定成等正覺、證大涅槃者、不取正覺。

十二, 定成正覺願

我作佛時。光明無量、普照十方、絶勝諸佛、勝於日月之
明、千萬億倍。若有衆生、見我光明、照觸其身。莫不安
樂。慈心作善。來生我國。若不爾者、不取正覺。

十三, 光明無量願 · 十四, 觸光安樂願

我作佛時。壽命無量、國中聲聞天人無數、壽命亦皆無
量。假令三千大千世界衆生、悉成緣覺、於百千劫、悉共

^{계 교}   ^{약 능 지 기 량 수 자}   ^{불 취 정 각}
計校。若能知其量數者、不取正覺。

^{십오}   ^{수 명 무 량 원}   ^{십육}   ^{성 문 무 수 원}
十五, 壽命無量願 · 十六, 聲聞無數願

^{아 작 불 시}   ^{시 방 세 계 무 량 찰 중}   ^{무 수 제 불}   ^{약 불 공 칭 탄}
我作佛時。十方世界無量刹中、無數諸佛。若不共稱歎

^{아 명}   ^{설 아 공 덕 국 토 지 선 자}   ^{불 취 정 각}
我名、說我功德國土之善者、不取正覺。

^{십칠}   ^{제 불 칭 탄 원}
十七, 諸佛稱嘆願

^{아 작 불 시}   ^{시 방 중 생}   ^{문 아 명 호}   ^{지 심 신 요}   ^{소 유 선 근}
我作佛時。十方衆生、聞我名號、至心信樂。所有善根、

^{심 심 회 향}   ^{원 생 아 국}   ^{내 지 십 념}   ^{약 불 생 자}   ^{불 취 정 각}
心心迴向、願生我國。乃至十念、若不生者、不取正覺。

^{유 제 오 역}   ^{비 방 정 법}
唯除五逆、誹謗正法。

^{십 팔}   ^{십 념 필 생 원}
十八, 十念必生願

^{아 작 불 시}   ^{시 방 중 생}   ^{문 아 명 호}   ^{발 보 리 심}   ^{수 제 공 덕}
我作佛時。十方衆生、聞我名號、發菩提心。修諸功德。

^{봉 행 육 바 라 밀}   ^{견 고 불 퇴}   ^{부 이 선 근 회 향}   ^{원 생 아 국}
奉行六波羅密。堅固不退。復以善根迴向、願生我國。

^{일 심 념 아}   ^{주 야 부 단}   ^{임 수 종 시}   ^{아 여 제 보 살 중}   ^{영 현 기}
一心念我、晝夜不斷。臨壽終時、我與諸菩薩衆、迎現其

^전   ^{경 수 유 간}   ^{즉 생 아 찰}   ^{작 아 유 월 치 보 살}   ^{부 득 시 원}
前。經須臾間、卽生我刹、作阿惟越致菩薩。不得是願、

^{불 취 정 각}
不取正覺。

_{십구　문명발심원　이십　임종접인원}
十九, 聞名發心願 · 二十, 臨終接引願

_{아 작 불 시}　_{시 방 중 생}　_{문 아 명 호}　_{계 념 아 국}　_{발 보 리 심}
我作佛時。十方衆生、聞我名號。繫念我國。發菩提心、

_{견 고 불 퇴}　_{식 중 덕 본}　_{지 심 회 향}　_{욕 생 극 락}　_{무 불 수 자}
堅固不退。植衆德本、至心迴向。欲生極樂、無不遂者。

_{약 유 숙 악}　_{문 아 명 자}　_{즉 자 회 과}　_{위 도 작 선}　_{편 지 경 계}
若有宿惡、聞我名字、即自悔過。爲道作善。便持經戒。

_{원 생 아 찰}　_{명 종 불 부 갱 삼 악 도}　_{즉 생 아 국}　_{약 불 이 자}
願生我刹。命終不復更三惡道、即生我國。若不爾者、

_{불 취 정 각}
不取正覺。

_{이 십 일}　_{회 과 득 생 원}
二十一, 悔過得生願

_{아 작 불 시}　_{국 무 부 녀}　_{약 유 여 인}　_{문 아 명 자}　_{득 청 정 신}
我作佛時。國無婦女。若有女人、聞我名字、得清淨信。

_{발 보 리 심}　_{염 환 여 신}　_{원 생 아 국}　_{명 종 즉 화 남 자}　_{내 아 찰}
發菩提心。厭患女身、願生我國。命終即化男子、來我刹

_토　_{시 방 세 계 제 중 생 류}　_{생 아 국 자}　_{개 어 칠 보 지 연 화 중}
土。十方世界諸衆生類。生我國者、皆於七寶池蓮華中

_{화 생}　_{약 불 이 자}　_{불 취 정 각}
化生。若不爾者、不取正覺。

_{이 십 이　국 무 여 인 원　이 십 삼　염 여 전 남 원　이 십 사　연 화 화 생 원}
二十二, 國無女人願 · 二十三, 厭女轉男願 · 二十四, 蓮花化生願

_{아 작 불 시}　_{시 방 중 생}　_{문 아 명 자}　_{환 희 신 요}　_{예 배 귀 명}
我作佛時。十方衆生、聞我名字、歡喜信樂、禮拜歸命。

_{이 청 정 심}　_{수 보 살 행}　_{제 천 세 인}　_{막 부 치 경}　_{약 문 아 명}
以清淨心、修菩薩行。諸天世人、莫不致敬。若聞我名、

_{수 종 지 후}　_{생 존 귀 가}　_{제 근 무 결}　_{상 수 수 승 범 행}　_{약 불 이}
壽終之後、生尊貴家。諸根無缺。常修殊勝梵行。若不爾

자　　불취정각
者、不取正覺。

이십오　천인예경원　이십육　문명득복원　이십칠　수수승행원
二十五, 天人禮敬願 · 二十六, 聞名得福願 · 二十七, 修殊勝行願

아작불시　국중무불선명　소유중생　생아국자　개동일
我作佛時。國中無不善名。所有衆生、生我國者、皆同一
심　주어정취　영리열뇌　심득청량　소수쾌락　유여누
心。住於定聚。永離熱惱、心得淸凉。所受快樂。猶如漏
진비구　약기상념　탐계신자　불취정각
盡比丘。若起想念、貪計身者、不取正覺。

이십팔　국무불선원　이십구　주정정취원
二十八, 國無不善願 · 二十九, 住正定聚願

삼십　락여누진원　삼십일　불탐계신원
三十, 樂如漏盡願 · 三十一, 不貪計身願

아작불시　생아국자　선근무량　개득금강나라연신
我作佛時。生我國者、善根無量。皆得金剛那羅延身、
견고지력　신정개유광명조요　성취일체지혜　획득무
堅固之力。身頂皆有光明照耀。成就一切智慧。獲得無
변변재　선담제법비요　설경행도　어여종성　약불이
邊辯才。善談諸法祕要。說經行道、語如鍾聲。若不爾
자　불취정각
者、不取正覺。

삼십이　나라연신원　삼십삼　광명혜변원　삼십사　선담법요원
三十二, 那羅延身願 · 三十三, 光明慧辯願 · 三十四, 善談法要願

아작불시　소유중생　생아국자　구경필지일생보처
我作佛時。所有衆生、生我國者、究竟必至一生補處。
제기본원위중생고　피홍서개　교화일체유정　개발신
除其本願爲衆生故、被弘誓鎧、敎化一切有情、皆發信

<ruby>心<rt>심</rt></ruby>、<ruby>修菩提行<rt>수보리행</rt></ruby>。<ruby>行普賢道<rt>행보현도</rt></ruby>。<ruby>雖生他方世界<rt>수생타방세계</rt></ruby>、<ruby>永離惡趣<rt>영리악취</rt></ruby>。

<ruby>或樂說法<rt>혹요설법</rt></ruby>。<ruby>或樂聽法<rt>혹요청법</rt></ruby>。<ruby>或現神足<rt>혹현신족</rt></ruby>。<ruby>隨意修習<rt>수의수습</rt></ruby>、<ruby>無不圓滿<rt>무불원만</rt></ruby>。

<ruby>若不爾者<rt>약불이자</rt></ruby>、<ruby>不取正覺<rt>불취정각</rt></ruby>。

三十五, 一生補處願 · 三十六, 敎化隨意願

<ruby>我作佛時<rt>아작불시</rt></ruby>。<ruby>生我國者<rt>생아국자</rt></ruby>、<ruby>所須飮食<rt>소수음식</rt></ruby>、<ruby>衣服<rt>의복</rt></ruby>、<ruby>種種供具<rt>종종공구</rt></ruby>、<ruby>隨<rt>수</rt></ruby><ruby>意卽至<rt>의즉지</rt></ruby>。<ruby>無不滿願<rt>무불만원</rt></ruby>。<ruby>十方諸佛<rt>시방제불</rt></ruby>、<ruby>應念受其供養<rt>응념수기공양</rt></ruby>。<ruby>若不爾<rt>약불이</rt></ruby><ruby>者<rt>자</rt></ruby>、<ruby>不取正覺<rt>불취정각</rt></ruby>。

三十七, 衣食自至願 · 三十八, 應念受供願

<ruby>我作佛時<rt>아작불시</rt></ruby>。<ruby>國中萬物<rt>국중만물</rt></ruby>、<ruby>嚴淨<rt>엄정</rt></ruby>、<ruby>光麗<rt>광려</rt></ruby>、<ruby>形色殊特<rt>형색수특</rt></ruby>、<ruby>窮微極<rt>궁미극</rt></ruby><ruby>妙<rt>묘</rt></ruby>、<ruby>無能稱量<rt>무능칭량</rt></ruby>。<ruby>其諸衆生<rt>기제중생</rt></ruby>、<ruby>雖具天眼<rt>수구천안</rt></ruby>、<ruby>有能辨其形色<rt>유능변기형색</rt></ruby>、<ruby>光相<rt>광상</rt></ruby>、<ruby>名數<rt>명수</rt></ruby>、<ruby>及總宣說者<rt>급총선설자</rt></ruby>、<ruby>不取正覺<rt>불취정각</rt></ruby>。

三十九, 莊嚴無盡願

<ruby>我作佛時<rt>아작불시</rt></ruby>。<ruby>國中無量色樹<rt>국중무량색수</rt></ruby>、<ruby>高或百千由旬<rt>고혹백천유순</rt></ruby>。<ruby>道場樹高<rt>도량수고</rt></ruby>、<ruby>四百萬里<rt>사백만리</rt></ruby>。<ruby>諸菩薩中<rt>제보살중</rt></ruby>、<ruby>雖有善根劣者<rt>수유선근열자</rt></ruby>、<ruby>亦能了知<rt>역능요지</rt></ruby>。<ruby>欲見諸<rt>욕견제</rt></ruby>

불정국장엄 실어보수간견 유여명경 도기면상 약불
佛淨國莊嚴、悉於寶樹間見。猶如明鏡、睹其面像。若不
이자 불취정각
爾者、不取正覺。

사십 무량색수원 사십일 수현불찰원
四十, 無量色樹願 · 四十一 , 樹現佛刹願

아 작 불 시 소 거 불 찰 광 박 엄 정 광 형 여 경 철 조 시 방 무
我作佛時。所居佛刹、廣博嚴淨、光瑩如鏡。徹照十方無
량무수 불가사의 제불세계 중생도자 생희유심
量無數、不可思議、諸佛世界。衆生覩者、生希有心。
약 불 이 자 불 취 정 각
若不爾者、不取正覺。

사십이 철조시방원
四十二, 徹照十方願

아 작 불 시 하 종 지 제 상 지 허 공 궁 전 누 관 지 류
我作佛時。下從地際。上至虛空。宮殿、樓觀、池流、
화수 국토소유일체만물 개이무량보향합성 기향보
華樹、國土所有一切萬物、皆以無量寶香合成。其香普
훈 시 방 세 계 중 생 문 자 개 수 불 행 약 불 이 자 불 취 정
熏十方世界。衆生聞者、皆修佛行。若不爾者、不取正
각
覺。

사십삼 보향보훈원
四十三, 寶香普熏願

아 작 불 시 시 방 불 찰 제 제 보 살 중 문 아 명 이 개 실 체 득 청
我作佛時。十方佛刹諸菩薩衆、聞我名已、皆悉逮得清
정 해 탈 보 등 삼 매 제 심 총 지 주 삼 마 지 지 어 성 불
淨、解脫、普等三昧。諸深總持。住三摩地、至於成佛。

정중상공무량무변일체제불 부실정의   약불이자   불
定中常供無量無邊一切諸佛、不失定意。若不爾者、不

취 정 각
取正覺。

사십사 보등삼매원   사십오   정중공불원
四十四, 普等三昧願 · 四十五, 定中供佛願

아 작 불 시   타 방 세 계 제 보 살 중   문 아 명 자   증 리 생 법
我作佛時。他方世界諸菩薩衆、聞我名者、證離生法。

획 다 라 니   청 정 환 희   득 평 등 주   수 보 살 행   구 족 덕 본
獲陀羅尼。清淨歡喜。得平等住。修菩薩行、具足德本。

응 시 불 획 일 이 삼 인   어 제 불 법   불 능 현 증 불 퇴 전 자   불
應時不獲一二三忍、於諸佛法、不能現證不退轉者、不

취 정 각
取正覺。

사십육   획다라니원   사십칠   문명득인원   사십팔   현증불퇴원
四十六, 獲陀羅尼願 · 四十七, 聞名得忍願 · 四十八, 現證不退願

필 성 정 각   제 칠
必成正覺 第七

불 고 아 난   이 시 법 장 비 구 설 차 원 이   이 게 송 왈
佛告阿難、爾時法藏比丘說此願已。以偈頌曰。

아 건 초 세 지   필 지 무 상 도   사 원 불 만 족   서 불 성 등 각
我建超世志　必至無上道　斯願不滿足　誓不成等覺

부 위 대 시 주   보 제 제 궁 고   영 피 제 군 생   장 야 무 우 뇌
復爲大施主　普濟諸窮苦　令彼諸羣生　長夜無憂惱

출 생 중 선 근   성 취 보 리 과   아 약 성 정 각   입 명 무 량 수
出生衆善根　成就菩提果　我若成正覺　立名無量壽

衆生聞此號　俱來我刹中　如佛金色身　妙相悉圓滿

亦以大悲心　利益諸羣品　離欲深正念　淨慧修梵行

願我智慧光　普照十方刹　消除三垢冥　明濟衆厄難

悉舍三途苦　滅諸煩惱暗　開彼智慧眼　獲得光明身

閉塞諸惡道　通達善趣門　爲衆開法藏　廣施功德寶

如佛無礙智　所行慈愍行　常作天人師　得爲三界雄

說法獅子吼　廣度諸有情　圓滿昔所願　一切皆成佛

斯願若剋果　大千應感動　虛空諸天神　當雨珍妙華

佛告阿難。法藏比丘、說此頌已。應時普地六種震動。
天雨妙華、以散其上。自然音樂空中贊言、決定必成無
上正覺。

積功累德　第八

阿難、法藏比丘、於世自在王如來前。及諸天人大衆之

中。發斯弘誓願已。住眞實慧。勇猛精進。一向專志莊嚴

妙土。所修佛國、開廓廣大。超勝獨妙。建立常然、無衰

無變。於無量劫、積植德行。不起貪嗔癡欲諸想。不著色

聲香味觸法。但樂憶念。過去諸佛、所修善根。行寂靜

行、遠離虛妄。依眞諦門、植衆德本。不計衆苦。少欲知

足。專求白法、惠利羣生。志願無倦、忍力成就。於諸有

情、常懷慈忍。和顔愛語、勸諭策進。恭敬三寶、奉事師

長。無有虛僞諂曲之心。莊嚴衆行、軌範具足。觀法如

化。三昧常寂。善護口業、不譏他過。善護身業、不失律

儀。善護意業、淸淨無染。所有國城、聚落、眷屬、珍寶、

都無所著。恒以布施、持戒、忍辱、精進、禪定、智慧、

六度之行。教化安立衆生、住於無上眞正之道。由成如

是諸善根故。所生之處、無量寶藏、自然發應。或爲長者

居士、豪姓尊貴。或爲利利國王、轉輪聖帝。或爲六欲天

主、乃至梵王。於諸佛所、尊重供養、未曾間斷。如是功

德、說不能盡。身口常出無量妙香。猶如栴檀、優缽羅

華。其香普熏無量世界。隨所生處、色相端嚴。三十二
相、八十種好、悉皆具足。手中常出無盡之寶、莊嚴之
具。一切所須、最上之物、利樂有情。由是因緣、能令無
量衆生、皆發阿耨多羅三藐三菩提心。

圓滿成就　第九

佛告阿難。法藏比丘、修菩薩行。積功累德。無量無邊。
於一切法、而得自在。非是語言分別之所能知。所發誓
願、圓滿成就。如實安住、具足莊嚴、威德廣大、清淨佛
土。阿難聞佛所說、白世尊言。法藏菩薩成菩提者。爲是
過去佛耶。未來佛耶。爲今現在他方世界耶。世尊告言。
彼佛如來。來無所來。去無所去。無生無滅。非過現未
來。但以酬願度生、現在西方。去閻浮提百千俱胝那由
他佛刹。有世界名曰極樂。法藏成佛、號阿彌陀。成佛以

來、於今十劫。今現在說法。有無量無數菩薩聲聞之衆、
恭敬圍繞。

皆願作佛 第十

佛說阿彌陀佛爲菩薩求得是願時。阿闍王子、與五百大
長者、聞之皆大歡喜。各持一金華蓋、俱到佛前作禮。
以華蓋上佛已、却坐一面聽經。心中願言。令我等作佛
時、皆如阿彌陀佛。佛卽知之。告諸比丘、是王子等、
後當作佛。彼於前世住菩薩道、無數劫來、供養四百億
佛。迦葉佛時、彼等爲我弟子。今供養我、復相値也。
時諸比丘聞佛言者、莫不代之歡喜。

國界嚴淨 第十一
국 계 엄 정　제 십 일

佛語阿難、彼極樂界、無量功德具足莊嚴。永無衆苦、
불 어 아 난　피 극 락 계　무 량 공 덕 구 족 장 엄　영 무 중 고

諸難、惡趣、魔惱、之名。亦無四時、寒暑、雨冥、之異。
제 난　악 취　마 뇌　지 명　역 무 사 시　한 서　우 명　지 이

復無大小江海、丘陵坑坎、荊棘沙礫、鐵圍、須彌、土石
부 무 대 소 강 해　구 릉 갱 감　형 극 사 력　철 위　수 미　토 석

等山。唯以自然七寶、黃金爲地。寬廣平正、不可限極。
등 산　유 이 자 연 칠 보　황 금 위 지　관 광 평 정　불 가 한 극

微妙、奇麗。清淨、莊嚴。超蹤十方一切世界。阿難聞
미 묘　기 려　청 정　장 엄　초 유 시 방 일 체 세 계　아 난 문

已、白世尊言。若彼國土無須彌山。其四天王天、及忉
이　백 세 존 언　약 피 국 토 무 수 미 산　기 사 천 왕 천　급 도

利天、依何而住。佛告阿難。夜摩兜率、乃至色無色界、
리 천　의 하 이 주　불 고 아 난　야 마 도 솔　내 지 색 무 색 계

一切諸天、依何而住。阿難白言。不可思議業力所致。
일 체 제 천　의 하 이 주　아 난 백 언　불 가 사 의 업 력 소 치

佛語阿難。不思議業、汝可知耶。汝身果報、不可思議。
불 어 아 난　부 사 의 업　여 가 지 야　여 신 과 보　불 가 사 의

衆生業報、亦不可思議。衆生善根、不可思議。諸佛聖
중 생 업 보　역 불 가 사 의　중 생 선 근　불 가 사 의　제 불 성

力、諸佛世界、亦不可思議。其國衆生。功德善力。住行
력　제 불 세 계　역 불 가 사 의　기 국 중 생　공 덕 선 력　주 행

業地。及佛神力。故能爾耳。阿難白言。業因果報、不可
업 지　급 불 신 력　고 능 이 이　아 난 백 언　업 인 과 보　불 가

思議。我於此法。實無所惑。但爲將來衆生破除疑網、
사 의　아 어 차 법　실 무 소 혹　단 위 장 래 중 생 파 제 의 망

故發斯問。
고 발 사 문

光明徧照 第十二
광명변조 제십이

佛告阿難。阿彌陀佛威神光明。最尊第一。十方諸佛、
불고아난 아미타불위신광명 최존제일 시방제불

所不能及。徧照東方恒沙佛刹。南西北方、四維上下、
소불능급 변조동방항사불찰 남서북방 사유상하

亦復如是。若化頂上圓光。或一二三四由旬。或百千萬
역부여시 약화정상원광 혹일이삼사유순 혹백천만

億由旬。諸佛光明、或照一二佛刹、或照百千佛刹。惟阿
억유순 제불광명 혹조일이불찰 혹조백천불찰 유아

彌陀佛、光明普照無量無邊無數佛刹。諸佛光明所照遠
미타불 광명보조무량무변무수불찰 제불광명소조원

近。本其前世求道、所願功德大小不同。至作佛時。各自
근 본기전세구도 소원공덕대소부동 지작불시 각자

得之。自在所作不爲預計。阿彌陀佛。光明善好。勝於日
득지 자재소작불위예계 아미타불 광명선호 승어일

月之明。千億萬倍。光中極尊。佛中之王。是故無量壽
월지명 천억만배 광중극존 불중지왕 시고무량수

佛、亦號無量光佛。亦號無邊光佛。無礙光佛。無等光
불 역호무량광불 역호무변광불 무애광불 무등광

佛。亦號智慧光、常照光、清淨光、歡喜光、解脫光、
불 역호지혜광 상조광 청정광 환희광 해탈광

安隱光、超日月光、不思議光。如是光明、普照十方一切
안은광 초일월광 부사의광 여시광명 보조시방일체

世界。其有衆生、遇斯光者。垢滅善生。身意柔軟。若在
세계 기유중생 우사광자 구멸선생 신의유연 약재

三途極苦之處。見此光明、皆得休息。命終皆得解脫。
삼도극고지처 견차광명 개득휴식 명종개득해탈

若有衆生聞其光明、威神、功德。日夜稱說、至心不斷。
약유중생문기광명 위신 공덕 일야칭설 지심부단

^{수 의 소 원} ^{득 생 기 국}
隨意所願、得生其國。

^{수 중 무 량} ^{제 십 삼}
壽衆無量 第十三

^{불 어 아 난} ^{무 량 수 불} ^{수 명 장 구} ^{불 가 칭 계} ^{우 유 무 수 성}
佛語阿難、無量壽佛、壽命長久、不可稱計。又有無數聲
^{문 지 중} ^{신 지 통 달} ^{위 력 자 재} ^{능 어 장 중 지 일 체 세 계}
聞之衆。神智洞達、威力自在、能於掌中持一切世界。
^{아 제 자 중 대 목 건 련} ^{신 통 제 일} ^{삼 천 대 천 세 계} ^{소 유 일}
我弟子中大目犍連、神通第一。三千大千世界、所有一
^{체 성 수 중 생} ^{어 일 주 야} ^{실 지 기 수} ^{가 사 시 방 중 생} ^{실 성}
切星宿衆生、於一晝夜、悉知其數。假使十方衆生、悉成
^{연 각} ^{일 일 연 각} ^{수 만 억 세} ^{신 통 개 여 대 목 건 련} ^{진 기}
緣覺。一一緣覺、壽萬億歲。神通皆如大目犍連。盡其
^{수 명} ^{갈 기 지 력} ^{실 공 추 산} ^{피 불 회 중 성 문 지 수} ^{천 만}
壽命、竭其智力、悉共推算、彼佛會中聲聞之數。千萬
^{분 중 불 급 일 분} ^{비 여 대 해} ^{심 광 무 변} ^{설 취 일 모} ^{석 위 백}
分中不及一分。譬如大海、深廣無邊。設取一毛、析爲百
^분 ^{쇄 여 미 진} ^{이 일 모 진} ^{첨 해 일 적} ^{차 모 진 수} ^{비 해 숙}
分、碎如微塵。以一毛塵、沾海一滴。此毛塵水、比海孰
^다 ^{아 난} ^{피 목 건 련 등 소 지 수 자} ^{여 모 진 수} ^{소 미 지 자}
多。阿難、彼目犍連等所知數者、如毛塵水。所未知者、
^{여 대 해 수} ^{피 불 수 량} ^{급 제 보 살} ^{성 문} ^{천 인} ^{수 량 역}
如大海水。彼佛壽量、及諸菩薩、聲聞、天人、壽量亦
^이 ^{비 이 산 계 비 유 지 소 능 지}
爾。非以算計譬喻之所能知。

寶樹徧國 第十四
보 수 변 국　제 십 사

彼如來國。多諸寶樹。或純金樹、純白銀樹、琉璃樹、
피 여 래 국　다 제 보 수　혹 순 금 수　순 백 은 수　유 리 수

水晶樹、琥珀樹、美玉樹、瑪瑙樹、唯一寶成、不雜餘
수 정 수　호 박 수　미 옥 수　마 노 수　유 일 보 성　부 잡 여

寶。或有二寶三寶、乃至七寶、轉共合成。根莖枝幹、
보　혹 유 이 보 삼 보　내 지 칠 보　전 공 합 성　근 경 지 간

此寶所成。華葉果實、他寶化作。或有寶樹、黃金爲根、
차 보 소 성　화 엽 과 실　타 보 화 작　혹 유 보 수　황 금 위 근

白銀爲身、琉璃爲枝、水晶爲梢、琥珀爲葉、美玉爲華、
백 은 위 신　유 리 위 지　수 정 위 초　호 박 위 엽　미 옥 위 화

瑪瑙爲果。其餘諸樹、復有七寶、互爲根幹枝葉華果。
마 노 위 과　기 여 제 수　부 유 칠 보　호 위 근 간 지 엽 화 과

種種共成、各自異行。行行相値、莖莖相望、枝葉相向、
종 종 공 성　각 자 이 행　행 행 상 치　경 경 상 망　지 엽 상 향

華實相當。榮色光曜。不可勝視。淸風時發。出五音聲。
화 실 상 당　영 색 광 요　불 가 승 시　청 풍 시 발　출 오 음 성

微妙宮商。自然相和。是諸寶樹、周徧其國。
미 묘 궁 상　자 연 상 화　시 제 보 수　주 변 기 국

菩提道場 第十五
보 리 도 량　제 십 오

又其道場、有菩提樹。高四百萬里。其本周圍五千由旬。
우 기 도 량　유 보 리 수　고 사 백 만 리　기 본 주 위 오 천 유 순

枝葉四布二十萬里。一切衆寶自然合成。華果敷榮。光
지 엽 사 포 이 십 만 리　일 체 중 보 자 연 합 성　화 과 부 영　광

暉徧照。復有紅綠靑白、諸摩尼寶、衆寶之王、以爲瓔
珞。雲聚寶鏁。飾諸寶柱。金珠鈴鐸、周匝條間。珍妙寶
網、羅覆其上。百千萬色、互相映飾。無量光炎、照耀無
極。一切莊嚴、隨應而現。微風徐動、吹諸枝葉、演出無
量妙法音聲。其聲流布、徧諸佛國。淸暢哀亮、微妙和
雅。十方世界音聲之中、最爲第一。若有衆生、覩菩提
樹。聞聲、嗅香、嘗其果 淸暢哀亮、微妙和雅。十方世界
音聲之中、最爲第一。若有衆生、覩菩提樹。聞聲、嗅
香、嘗其果味、觸其光影、念樹功德、皆得六根淸徹。
無諸惱患。住不退轉。至成佛道。復由見彼樹故、獲三種
忍。一音響忍。二柔順忍。三者無生法忍。佛告阿難、
如是佛刹、華果樹木。與諸衆生、而作佛事。此皆無量壽
佛、威神力故。本願力故。滿足願故。明了、堅固、究竟
願故。

堂舍樓觀 第十六
당사누관 제십육

又無量壽佛講堂精舍、樓觀欄楯、亦皆七寶自然化成。
우무량수불강당정사 누관난순 역개칠보자연화성

復有白珠摩尼以爲交絡、明妙無比。諸菩薩衆、所居宮
부유백주마니이위교락 명묘무비 제보살중 소거궁

殿、亦復如是。中有在地講經、誦經者。有在地受經、
전 역부여시 중유재지강경 송경자 유재지수경

聽經者。有在地經行者。思道、及坐禪者。有在虛空講誦
청경자 유재지경행자 사도 급좌선자 유재허공강송

受聽者。經行。思道及坐禪者。或得須陀洹、或得斯陀
수청자 경행 사도급좌선자 혹득수다원 혹득사다

含、或得阿那含、阿羅漢。未得阿惟越致者、則得阿惟越
함 혹득아나함 아라한 미득아유월치자 즉득아유월

致。各自念道、說道、行道、莫不歡喜。
치 각자염도 설도 행도 막불환희

泉池功德 第十七
천지공덕 제십칠

又其講堂左右、泉池交流。縱廣深淺、皆各一等。或十由
우기강당좌우 천지교류 종광심천 개각일등 혹십유

旬、二十由旬、乃至百千由旬。湛然香潔、具八功德。
순 이십유순 내지백천유순 담연향결 구팔공덕

岸邊無數栴檀香樹、吉祥果樹、華果恒芳、光明照耀。
안변무수전단향수 길상과수 화과항방 광명조요

修條密葉、交覆於池。出種種香、世無能喻。隨風散馥、
수조밀엽 교부어지 출종종향 세무능유 수풍산복

沿水流芬。又復池飾七寶、地布金沙。優缽羅華、缽曇
摩華、拘牟頭華、芬陀利華、雜色光茂、彌覆水上。若彼
衆生、過浴此水。欲至足者、欲至膝者、欲至腰腋、欲至
頸者、或欲灌身、或欲冷者、溫者、急流者、緩流者、
其水一一隨衆生意。開神悅體。淨若無形。寶沙映徹、
無深不照。微瀾徐迴、轉相灌注。波揚無量微妙音聲。
或聞佛法僧聲。波羅蜜聲。止息寂靜聲。無生無滅聲。
十力無畏聲。或聞無性無作無我聲。大慈大悲喜舍聲。
甘露灌頂受位聲。得聞如是種種聲已、其心清淨。無諸
分別。正直平等、成熟善根。隨其所聞、與法相應。其願
聞者、輒獨聞之、所不欲聞、了無所聞。永不退於阿耨
多羅三藐三菩提心。十方世界諸往生者、皆於七寶池蓮
華中、自然化生。悉受清虛之身、無極之體。不聞三途惡
惱苦難之名、尚無假設、何況實苦。但有自然快樂之音。
是故彼國名爲極樂。

超世希有 第十八

彼極樂國、所有衆生、容色微妙、超世希有。鹹同一類、
無差別相。但因順餘方俗、故有天人之名。佛告阿難、
譬如世間貧苦乞人、在帝王邊。面貌形狀、寧可類乎。
帝王若比轉輪聖王、則爲鄙陋。猶彼乞人在帝王邊也。
轉輪聖王、威相第一、比之忉利天王、又復醜劣。假令
帝釋、比第六天、雖百千倍不相類也。第六天王、若比極
樂國中、菩薩聲聞、光顏容色。雖萬億倍、不相及逮。
所處宮殿、衣服飮食。猶如他化自在天王。至於威德、
階位、神通變化。一切天人、不可爲比。百千萬億、不可
計倍。阿難應知、無量壽佛極樂國土。如是功德莊嚴、
不可思議。

受用具足 第十九
수용구족 제십구

復次極樂世界、所有衆生、或已生、或現生、或當生、
부차극락세계 소유중생 혹이생 혹현생 혹당생

皆得如是諸妙色身。形貌端嚴。福德無量。智慧明了。
개득여시제묘색신 형모단엄 복덕무량 지혜명료

神通自在。受用種種。一切豐足。宮殿、服飾、香花、
신통자재 수용종종 일체풍족 궁전 복식 향화

幡蓋、莊嚴之具。隨意所須、悉皆如念。若欲食時、七寶
번개 장엄지구 수의소수 실개여념 약욕식시 칠보

缽器自然在前。百味飮食自然盈滿。雖有此食、實無食
발기자연재전 백미음식자연영만 수유차식 실무식

者。但見色聞香、以意爲食。色力增長而無便穢。身心柔
자 단견색문향 이의위식 색력증장이무변예 신심유

軟、無所味著。事已化去、時至復現。復有衆寶妙衣、
연 무소미착 사이화거 시지부현 부유중보묘의

冠帶、瓔珞、無量光明、百千妙色、悉皆具足、自然在
관대 영락 무량광명 백천묘색 실개구족 자연재

身。所居舍宅、稱其形色。寶網彌覆、懸諸寶鈴。奇妙珍
신 소거사택 칭기형색 보망미부 현제보령 기묘진

異、周徧校飾。光色晃曜、盡極嚴麗。樓觀欄楯、堂宇房
이 주변교식 광색황요 진극엄려 누관난순 당우방

閣、廣狹方圓、或大或小或在虛空、或在平地。淸淨安
각 광협방원 혹대혹소혹재허공 혹재평지 청정안

隱、微妙快樂。應念現前、無不具足。
은 미묘쾌락 응념현전 무불구족

덕풍화우 제이십
德風華雨 第二十

기불국토 매어식시 자연덕풍서기 취제나망 급중보
其佛國土、每於食時、自然德風徐起。吹諸羅網、及衆寶

수 출미묘음 연설고공 무상 무아 제바라밀 유포
樹、出微妙音。演說苦空、無常、無我、諸波羅密。流布

만종온아덕향 기유문자 진로구습 자연불기 풍촉기
萬種溫雅德香。其有聞者、塵勞垢習、自然不起。風觸其

신 안화조적 유여비구득멸진정 부취칠보림수 표화
身、安和調適。猶如比丘得滅盡定。復吹七寶林樹、飄華

성취 종종색광 변만불토 수색차제 이불잡란 유연
成聚。種種色光、徧滿佛土。隨色次第、而不雜亂。柔軟

광결 여도라면 족리기상 몰심사지 수족거이 환부
光潔、如兜羅綿。足履其上、沒深四指。隨足擧已、還復

여초 과식시후 기화자몰 대지청정 갱우신화 수기
如初。過食時後、其華自沒。大地淸淨、更雨新華。隨其

시절 환부주변 여전무이 여시육반
時節、還復周徧。與前無異、如是六反。

보련불광 제이십일
寶蓮佛光 第二十一

우중보련화주만세계 일일보화백천억엽 기화광명
又衆寶蓮華周滿世界。一一寶華百千億葉。其華光明、

무량종색 청색청광 백색백광 현황주자 광색역연
無量種色。靑色靑光。白色白光。玄黃朱紫。光色亦然。

부유무량묘보백천마니 영식진기 명요일월 피련화
復有無量妙寶百千摩尼、映飾珍奇、明曜日月。彼蓮華

^량 ^{혹반유순} ^{혹일이삼사} ^{내지백천유순} ^{일일화중}
量、或半由旬、或一二三四、乃至百千由旬。一一華中、

^{출삼십육백천억광} ^{일일광중} ^{출삼십육백천억불} ^신
出三十六百千億光。一一光中、出三十六百千億佛。身

^{색자금} ^{상호수특} ^{일일제불} ^{우방백천광명} ^{보위시}
色紫金、相好殊特。一一諸佛、又放百千光明。普爲十

^{방설미묘법} ^{여시제불} ^{각각안립무량중생어불정도}
方說微妙法。如是諸佛、各各安立無量衆生於佛正道。

^{결증극과} ^{제이십이}
決證極果 第二十二

^{부차아난} ^{피불국토} ^{무유혼암화광일월성요주야지}
復次阿難。 彼佛國土、無有昏暗火光日月星曜晝夜之

^상 ^{역무세월겁수지명} ^{부무주착가실} ^{어일체처} ^{기무}
象。亦無歲月劫數之名。復無住著家室。於一切處、旣無

^{표식명호} ^{역무취사분별} ^{유수청정최상쾌락} ^{약유선}
標式名號、亦無取舍分別。唯受淸淨最上快樂。若有善

^{남자} ^{선여인} ^{약이생} ^{약당생} ^{개실주어정정지취}
男子、善女人、若已生、若當生、皆悉住於正定之聚。

^{결정증어아뇩다라삼막삼보리} ^{하이고} ^{약사정취} ^급
決定證於阿耨多羅三藐三菩提。何以故、若邪定聚、及

^{부정취} ^{불능요지건립피인고}
不定聚、不能了知建立彼因故。

시방불찬 제이십삼
十方佛贊 第二十三

부차아난 동방항하사수세계 일일계중여항사불 각
復次阿難、東方恒河沙數世界。一一界中如恒沙佛。各

출광장설상 방무량광 설성실언 칭찬무량수불불가
出廣長舌相、放無量光、說誠實言、稱讚無量壽佛不可

사의공덕 남서북방항사세계 제불칭찬역부여시 사
思議功德。南西北方恒沙世界、諸佛稱讚亦復如是。四

유상하항사세계 제불칭찬역부여시 하이고 욕령타
維上下恒沙世界、諸佛稱讚亦復如是。何以故、欲令他

방소유중생문피불명 발청정심 억념수지 귀의공양
方所有衆生聞彼佛名、發淸淨心。憶念受持、歸依供養。

내지능발일념정신 소유선근 지심회향 원생피국
乃至能發一念淨信、所有善根、至心迴向、願生彼國。

수원개생 득불퇴전 내지무상정등보리
隨願皆生、得不退轉、乃至無上正等菩提。

삼배왕생 제이십사
三輩往生 第二十四

불고아난 시방세계제천인민 기유지심원생피국 범
佛告阿難、十方世界諸天人民、其有至心願生彼國、凡

유삼배 기상배자 사가기욕이작사문 발보리심 일향
有三輩。其上輩者、舍家棄欲而作沙門。發菩提心。一向

전념 아미타불 수제공덕 원생피국 차등중생 임수
專念、阿彌陀佛。修諸功德。願生彼國。此等衆生、臨壽

종시 아미타불 여제성중 현재기전 경수유간즉수
終時、阿彌陀佛、與諸聖衆、現在其前。經須臾間卽隨

彼佛往生其國。便於七寶華中自然化生。智慧勇猛、神
通自在。是故阿難、其有衆生欲於今世見阿彌陀佛者、
應發無上菩提之心。復當專念極樂國土。積集善根、應
持迴向。由此見佛、生彼國中、得不退轉、乃至無上菩
提。其中輩者、雖不能行作沙門、大修功德、當發無上菩
提之心。一向專念、阿彌陀佛。隨己修行、諸善功德、
奉持齋戒。起立塔像、飯食沙門、懸繒然燈、散華燒香、
以此迴向、願生彼國。其人臨終、阿彌陀佛化現其身、
光明相好、具如眞佛。與諸大衆前後圍繞現其人前。攝
受導引、卽隨化佛往生其國。住不退轉。無上菩提。功德
智慧次如上輩者也。其下輩者、假使不能作諸功德、當
發無上菩提之心。一向專念、阿彌陀佛。歡喜信樂、不生
疑惑。以至誠心、願生其國。此人臨終、夢見彼佛、亦得
往生。功德智慧次如中輩者也。若有衆生住大乘者、以
清淨心、向無量壽。乃至十念、願生其國。聞甚深法、
卽生信解。乃至獲得一念淨心、發一念心念於彼佛。此

人臨命終時、如在夢中。見阿彌陀佛。定生彼國、得不退
轉、無上菩提。

往生正因 第二十五

復次阿難、若有善男子、善女人、聞此經典。受持讀誦。
書寫供養。晝夜相續。求生彼刹。發菩提心。持諸禁戒、
堅守不犯。饒益有情。所作善根悉施與之、令得安樂。
憶念西方阿彌陀佛、及彼國土。是人命終、如佛色相種
種莊嚴、生寶刹中、速得聞法。永不退轉。復次阿難、
若有衆生欲生彼國。雖不能大精進禪定、盡持經戒、要
當作善。所謂一不殺生。二不偸盜。三不淫欲。四不妄
言。五不綺語。六不惡口。七不兩舌。八不貪。九不嗔。
十不癡。如是晝夜思惟、極樂世界阿彌陀佛、種種功德。
種種莊嚴。志心歸依。頂禮供養。是人臨終、不驚不怖、

심부전도　　즉득왕생피불국토　　약다사물　　불능리가
心不顚倒。即得往生彼佛國土。若多事物、不能離家、

불가대수재계　일심청정　유공한시　단정신심　절욕거
不暇大修齋戒、一心淸淨。有空閑時、端正身心。絶欲去

우　자심정진　부당진노　질투　부득탐철간석　부득중
憂。慈心精進。不當嗔怒。嫉妒。不得貪饕慳惜。不得中

회　부득호의　요당효순　지성충신　당신불경어심
悔。不得狐疑。要當孝順。至誠忠信。當信佛經語深。

당신작선득복　봉지여시등법　부득휴실　사유숙계
當信作善得福。奉持如是等法、不得虧失。思惟熟計。

욕득도탈　주야상념　원욕왕생아미타불청정불국　　십
欲得度脫。晝夜常念、願欲往生阿彌陀佛淸淨佛國。十

일십야　내지일일일야　부단절자　수종개득왕생기국
日十夜、乃至一日一夜、不斷絶者。壽終皆得往生其國。

행보살도　제왕생자　개득아유월치　개구금색삼십이
行菩薩道、諸往生者。皆得阿惟越致。皆具金色三十二

상　개당작불　욕어하방불국작불　종심소원　수기정진
相。皆當作佛。欲於何方佛國作佛、從心所願。隨其精進

조만　구도불휴　회당득지　부실기소원야　아난　이차
早晚。求道不休、會當得之。不失其所願也。阿難、以此

의리고　무량무수불가사의무유등등무변세계　제불여
義利故、無量無數不可思議無有等等無邊世界、諸佛如

래　　개공칭찬무량수불소유공덕
來、皆共稱讚無量壽佛所有功德。

예공청법 제이십육
禮供聽法 第二十六

부차아난　　시방세계제보살중　　위욕첨례　　극락세계
復次阿難、十方世界諸菩薩衆。爲欲瞻禮、極樂世界、

무량수불　　각이향화당번보개　　왕예불소　　공경공양
無量壽佛。各以香華幢幡寶蓋、往詣佛所、恭敬供養。

청수경법　　선포도화　　칭찬불토공덕장엄　　이시세존즉
聽受經法、宣布道化。稱讚佛土功德莊嚴。爾時世尊卽

설송왈
說頌曰。

동방제불찰	수여항하사	항사보살중	왕례무량수
東方諸佛刹	數如恒河沙	恒沙菩薩衆	往禮無量壽
남서북사유	상하역부연	함이존중심	봉제진묘공
南西北四維	上下亦復然	咸以尊重心	奉諸珍妙供
창발화아음	가탄최승존	구달신통혜	유입심법문
暢發和雅音	歌嘆最勝尊	究達神通慧	遊入深法門
문불성덕명	안은득대리	종종공양중	근수무해권
聞佛聖德名	安隱得大利	種種供養中	勤修無懈倦
관피수승찰	미묘난사의	공덕보장엄	제불국난비
觀彼殊勝刹	微妙難思議	功德普莊嚴	諸佛國難比
인발무상심	원속성보리	응시무량존	미소현금용
因發無上心	願速成菩提	應時無量尊	微笑現金容
광명종구출	변조시방국	회광환요불	삼잡종정입
光明從口出	徧照十方國	迴光還繞佛	三匝從頂入
보살견차광	즉증불퇴위	시회일체중	호경생환희
菩薩見此光	卽證不退位	時會一切衆	互慶生歡喜
불어범뇌진	팔음창묘성	시방래정사	오실지피원
佛語梵雷震	八音暢妙聲	十方來正士	吾悉知彼願
지구엄정토	수기당작불	각료일체법	유여몽환향
志求嚴淨土	受記當作佛	覺了一切法	猶如夢幻響

滿足諸妙願 必成如是刹 知土如影像 恒發弘誓心

究竟菩薩道 具諸功德本 修勝菩提行 受記當作佛

通達諸法性 一切空無我 專求淨佛土 必成如是刹

聞法樂受行 得至淸淨處 必於無量尊 受記成等覺

無邊殊勝刹 其佛本願力 聞名欲往生 自致不退轉

菩薩興至願 願己國無異 普念度一切 各發菩提心

舍彼輪迴身 俱令登彼岸 奉事萬億佛 飛化徧諸刹

恭敬歡喜去 還到安養國

歌歎佛德 第二十七

佛語阿難、彼國菩薩。承佛威神、於一食頃、復往十方無

邊淨刹、供養諸佛。華香幢幡、供養之具。應念卽至、

皆現手中。珍妙殊特、非世所有。以奉諸佛、及菩薩衆。

其所散華、卽於空中、合爲一華。華皆向下、端圓周匝。

化成華蓋、百千光色。色色異香、香氣普薰。蓋之小者、

滿十由旬。如是轉倍、乃至徧覆三千大千世界。隨其前
後、以次化沒。若不更以新華重散、前所散華終不復落。
於虛空中共奏天樂。以微妙音歌歎佛德。經須臾間、還
其本國。都悉集會七寶講堂。無量壽佛、則爲廣宣大敎。
演暢妙法。莫不歡喜。心解得道。卽時香風吹七寶樹、
出五音聲。無量妙華、隨風四散。自然供養、如是不絶。
一切諸天、皆齎百千華香、萬種伎樂、供養彼佛、及諸菩
薩聲聞之衆。前後往來、熙怡快樂。此皆無量壽佛本願
加威。及曾供養如來、善根相續。無缺減故。善修習故。
善攝取故。善成就故。

大士神光 第二十八

佛告阿難、彼佛國中諸菩薩衆、悉皆洞視、徹聽、八方、
上下、去來、現在、之事。諸天人民、以及蜎飛蠕動之

類、心意善惡、口所欲言、何時度脫、得道往生、皆豫知之。又彼佛刹諸聲聞衆、身光一尋、菩薩光明、照百由旬。有二菩薩、最尊第一。威神光明、普照三千大千世界。阿難白佛、彼二菩薩、其號云何。佛言、一名觀世音。一名大勢至。此二菩薩、於娑婆界、修菩薩行、往生彼國。常在阿彌陀佛左右。欲至十方無量佛所、隨心則到。現居此界、作大利樂。世間善男子、善女人、若有急難恐怖。但自歸命觀世音菩薩、無不得解脫者。

願力宏深　第二十九

復次阿難、彼佛刹中、所有現在、未來、一切菩薩、皆當究竟一生補處。唯除大願、入生死界、爲度羣生、作獅子吼。擐大甲冑、以宏誓功德而自莊嚴。雖生五濁惡世、示現同彼、直至成佛、不受惡趣。生生之處、常識宿命。

無量壽佛意欲度脫十方世界諸衆生類、皆使往生其國。
悉令得泥洹道。作菩薩者、令悉作佛。旣作佛已、轉相教
授。轉相度脫。如是輾轉、不可復計。十方世界、聲聞菩
薩、諸衆生類、生彼佛國、得泥洹道。當作佛者、不可勝
數。彼佛國中、常如一法。不爲增多。所以者何。猶如大
海、爲水中王。諸水流行、都入海中。是大海水、寧爲增
減。八方上下。佛國無數。阿彌陀國、長久廣大。明好快
樂。最爲獨勝。本其爲菩薩時。求道所願。累德所致。
無量壽佛恩德布施八方上下、無窮無極、深大無量、不
可勝言。

菩薩修持 第三十

復次阿難、彼佛刹中一切菩薩、禪定、智慧、神通、威
德、無不圓滿。諸佛密藏、究竟明了、調伏諸根、身心柔

軟。深入正慧、無復餘習。依佛所行、七覺聖道。修行五

眼、照眞達俗。肉眼簡擇。天眼通達。法眼淸淨。慧眼見

眞。佛眼具足、覺了法性。辯才總持、自在無礙。善解世

間無邊方便。所言誠諦、深入義味。度諸有情、演說正

法。無相無爲、無縛無脫、無諸分別、遠離顚倒。於所受

用、皆無攝取。徧遊佛刹、無愛無厭。亦無希求不希求

想。亦無彼我違怨之想。何以故、彼諸菩薩、於一切衆

生、有大慈悲利益心故。舍離一切執著、成就無量功德。

以無礙慧、解法如如。善知集滅音聲方便。不欣世語。

樂在正論。知一切法、悉皆空寂。生身煩惱、二餘俱盡。

於三界中、平等勤修。究竟一乘、至於彼岸。決斷疑網、

證無所得。以方便智、增長了知。從本以來。安住神通。

得一乘道。不由他悟。

眞實功德 第三十一
진실공덕 제삼십일

其智宏深、譬如巨海。菩提高廣、喻若須彌。自身威光、
기지굉심 비여거해 보리고광 유약수미 자신위광

超於日月。其心潔白、猶如雪山。忍辱如地、一切平等。
초어일월 기심결백 유여설산 인욕여지 일체평등

淸淨如水、洗諸塵垢。熾盛如火、燒煩惱薪。不著如風、
청정여수 세제진구 치성여화 소번뇌신 부착여풍

無諸障礙。法音雷震、覺未覺故。雨甘露法、潤衆生故。
무제장애 법음뇌진 각미각고 우감로법 윤중생고

曠若虛空、大慈等故。如淨蓮華、離染汚故。如尼拘樹、
광약허공 대자등고 여정연화 이염오고 여니구수

覆蔭大故。如金剛杵、破邪執故。如鐵圍山、衆魔外道不
부음대고 여금강저 파사집고 여철위산 중마외도불

能動故。其心正直。善巧決定。論法無厭。求法不倦。
능동고 기심정직 선교결정 논법무염 구법불권

戒若琉璃、內外明潔。其所言說、令衆悅服。擊法鼓。
계약유리 내외명결 기소언설 영중열복 격법고

建法幢。曜慧日。破癡暗。淳淨溫和。寂定明察。爲大導
건법당 요혜일 파치암 순정온화 적정명찰 위대도

師、調伏自他。引導羣生、舍諸愛著、永離三垢、遊戲神
사 조복자타 인도군생 사제애착 영리삼구 유희신

通。因緣願力、出生善根。摧伏一切魔軍。尊重奉事諸
통 인연원력 출생선근 최복일체마군 존중봉사제

佛。爲世明燈。最勝福田。殊勝吉祥。堪受供養。赫奕歡
불 위세명등 최승복전 수승길상 감수공양 혁혁환

喜、雄猛無畏。身色相好、功德辯才、具足莊嚴、無與等
희 웅맹무외 신색상호 공덕변재 구족장엄 무여등

者。常爲諸佛所共稱贊。究竟菩薩諸波羅蜜。而常安住
자 상위제불소공칭찬 구경보살제바라밀 이상안주

不生不滅諸三摩地。行遍道場。遠二乘境。阿難、我今略
說、彼極樂界、所生菩薩、眞實功德、悉皆如是。若廣說
者、百千萬劫、不能窮盡。

壽樂無極 第三十二

佛告彌勒菩薩、諸天人等。無量壽國、聲聞菩薩、功德智
慧、不可稱說。又其國土微妙、安樂、清淨若此。何不力
爲善。念道之自然。出入供養。觀經行道。喜樂久習。
才猛智慧。心不中廻。意無懈時。外若遲緩。內獨駛急。
容容虛空。適得其中。中表相應。自然嚴整。檢斂端直。
身心潔淨。無有愛貪。志願安定。無增缺減。求道和正。
不誤傾邪。隨經約令。不敢蹉跌。若於繩墨。咸爲道慕。
曠無他念。無有憂思。自然無爲。虛空無立。淡安無欲。
作得善願。盡心求索。含哀慈愍。禮義都合。苞羅表裏。

<ruby>過<rt>과</rt></ruby><ruby>度<rt>도</rt></ruby><ruby>解<rt>해</rt></ruby><ruby>脱<rt>탈</rt></ruby>。<ruby>自<rt>자</rt></ruby><ruby>然<rt>연</rt></ruby><ruby>保<rt>보</rt></ruby><ruby>守<rt>수</rt></ruby>。<ruby>眞<rt>진</rt></ruby><ruby>眞<rt>진</rt></ruby><ruby>潔<rt>결</rt></ruby><ruby>白<rt>백</rt></ruby>。<ruby>志<rt>지</rt></ruby><ruby>願<rt>원</rt></ruby><ruby>無<rt>무</rt></ruby><ruby>上<rt>상</rt></ruby>。<ruby>淨<rt>정</rt></ruby><ruby>定<rt>정</rt></ruby><ruby>安<rt>안</rt></ruby><ruby>樂<rt>락</rt></ruby>。

過度解脱。自然保守。眞眞潔白。志願無上。淨定安樂。

一旦開達明徹。自然中自然相。自然之有根本。自然光

色參迴。轉變最勝。鬱單成七寶。横攬成萬物。光精明

俱出。善好殊無比。著於無上下。洞達無邊際。宜各勤

精進。努力自求之。必得超絶去。往生無量淸淨阿彌陀

佛國。横截於五趣。惡道自閉塞。無極之勝道。易往而

無人。其國不逆違。自然所牽隨。捐志若虚空。勤行求

道德。可得極長生。壽樂無有極。何爲著世事。譊譊憂

無常。

勸諭策進 第三十三

世人共爭不急之務。於此劇惡極苦之中、勤身營務、以

自給濟。尊卑、貧富、少長、男女、累念積慮。爲心走使。

無田憂田。無宅憂宅。眷屬財物。有無同憂。有一少一、

思欲齊等。適小具有、又憂非常。水火盜賊、怨家債主、
焚漂劫奪。消散磨滅。心慳意固、無能縱捨。命終棄捐、
莫誰隨者。貧富同然。憂苦萬端。世間人民、父子兄弟夫
婦親屬、當相敬愛。無相憎嫉。有無相通、無得貪惜。
言色常和、莫相違戾。或時心諍、有所恚怒。後世轉劇、
至成大怨。世間之事更相患害。雖不臨時。應急想破。
人在愛欲之中、獨生獨死。獨去獨來。苦樂自當、無有代
者。善惡變化、追逐所生。道路不同、會見無期。何不於
強健時、努力修善、欲何待乎。世人善惡自不能見、吉凶
禍福、競各作之。身愚神闇。轉受餘教。顛倒相續、無常
根本。蒙冥抵突、不信經法、心無遠慮。各欲快意。迷於
嗔恚。貪於財色。終不休止、哀哉可傷。先人不善、不識
道德。無有語者、殊無怪也。死生之趣、善惡之道、都不
之信、謂無有是。更相瞻視。且自見之。或父哭子、或子
哭父、兄弟夫婦、更相哭泣。一死一生、叠相顧戀。憂愛
結縛、無有解時。思想恩好、不離情欲、不能深思熟計、

전정행도 년수선진 무가내하 혹도자중 오도자소
專精行道。年壽旋盡、無可奈何。惑道者衆、悟道者少。

각회살독 악기명명 위망흥사 위역천지 자의죄극
各懷殺毒、惡氣冥冥。爲妄興事、違逆天地、恣意罪極、

돈탈기수 하입악도 무유출기 약조당숙사계 원리중
頓奪其壽。下入惡道。無有出期。若曹當熟思計、遠離衆

악 택기선자 근이행지 애욕영화 불가상보 개당별
惡。擇其善者、勤而行之。愛欲榮華、不可常保。皆當別

리 무가락자 당근정진 생안락국 지혜명달 공덕수
離、無可樂者。當勤精進、生安樂國。智慧明達、功德殊

승 물득수심소욕 휴부경계 재인후야
勝。勿得隨心所欲、虧負經戒、在人後也。

심득개명 제삼십사
心得開明 第三十四

미륵백언 불어교계 심심심선 개몽자은해탈우고
彌勒白言、佛語敎戒、甚深甚善。皆蒙慈恩解脫憂苦。

불위법왕 존초군성 광명철조 통달무극 보위일체
佛爲法王、尊超群聖。光明徹照、洞達無極。普爲一切

천인지사 금득치불 부문무량수성 미불환희 심득개
天人之師。今得値佛、復聞無量壽聲。靡不歡喜、心得開

명 불고미륵 경어불자 시위대선 실당념불 절단호
明。佛告彌勒、敬於佛者、是爲大善。實當念佛。截斷狐

의 발제애욕 두중악원 유보삼계 무소괘애 개시정
疑。拔諸愛欲、杜衆惡源。遊步三界、無所罣碍。開示正

도 도미도자 약조당지시방인민 영겁이래 전전오
道、度未度者。若曹當知十方人民、永劫以來、輾轉五

도 우고부절 생시고통 노역고통 병극고통 사극고
道。憂苦不絶、生時苦痛。老亦苦痛、病極苦痛。死極苦
통 악취부정 무가락자 의자결단 세제심구 언행충
痛。惡臭不淨、無可樂者。宜自決斷。洗除心垢。言行忠
신 표리상응 인능자도 전상증제 지심구원 적누선
信、表裏相應。人能自度、轉相拯濟。至心求願、積累善
본 수일세정진근고 수유간이 후생무량수국 쾌락무
本。雖一世精進勤苦、須臾間耳。後生無量壽國、快樂無
극 영발생사지본 무부고뇌지환 수천만겁 자재수
極。永拔生死之本。無復苦惱之患。壽千萬劫、自在隨
의 의각정진 구심소원 무득의회 자위과구 생피변
意。宜各精進、求心所願。無得疑悔、自爲過咎。生彼邊
지 칠보성중 어오백세수제액야 미륵백언 수불명
地、七寶城中、於五百歲受諸厄也。彌勒白言。受佛明
회 전정수학 여교봉행 불감유의
誨、專精修學。如敎奉行。不敢有疑。

탁세악고 제삼십오
濁世惡苦 第三十五

불고미륵 여등능어차세 단심정의 불위중악 심위
佛告彌勒、汝等能於此世、端心正意、不爲衆惡。甚爲
대덕 소이자하 시방세계선다악소 이가개화 유차
大德。所以者何、十方世界善多惡少、易可開化。唯此
오악세간 최위극고 아금어차작불 교화군생 영사
五惡世間、最爲劇苦。我今於此作佛。敎化羣生、令舍
오악 거오통 이오소 강화기의 영지오선 획기복
五惡。去五痛。離五燒。降化其意、令持五善。獲其福

德。何等爲五、其一者、世間諸衆生類、欲爲衆惡。强
者伏弱、轉相剋賊。殘害殺傷、迭相呑噉。不知爲善、
後受殃罰。故有窮乞、孤獨、聾盲、瘖瘂、癡惡、尪狂、
皆因前世不信道德。不肯爲善。其有尊貴、豪富、賢
明、長者、智勇、才達、皆由宿世慈孝、修善積德所致。
世間有此目前現事。壽終之後、入其幽冥、轉生受身、
改形易道。故有泥犂、禽獸、蜎飛蠕動之屬。譬如世法
牢獄、劇苦極刑、魂神命精、隨罪趣向。所受壽命、或
長或短、相從共生、更相報償。殃惡未盡、終不得離。
輾轉其中。累劫難出。難得解脫、痛不可言。天地之
間、自然有是。雖不卽時暴應。善惡會當歸之。其二
者、世間人民不順法度。奢淫驕縱、任心自恣。居上不
明。在位不正。陷人冤枉。損害忠良。心口各異、機僞
多端。尊卑中外、更相欺诳。嗔恚愚癡、欲自厚己。
欲貪多有、利害勝負。結忿成讐。破家亡身。不顧前
後。富有慳惜、不肯施與。愛保貪重、心勞身苦。如是

至竟、無一隨者。善惡禍福、追命所生。或在樂處、或
入苦毒。又或見善憎謗、不思慕及。常懷盜心、悕望他
利。用自供給。消散復取。神明尅識、終入惡道。自有
三途無量苦惱、輾轉其中、累劫難出、痛不可言。其三
者、世間人民相因寄生。壽命幾何。不良之人、身心不
正、常懷邪惡、常念淫妷。煩滿胸中、邪態外逸。費損
家財、事爲非法。所當求者、而不肯爲。又或交結聚
會、興兵相伐。攻劫殺戮、强奪迫脅。歸給妻子、極身
作樂。眾共憎厭、患而苦之。如是之惡、著於人鬼。神
明記識、自入三途。無量苦惱、輾轉其中。累劫難出、
痛不可言。其四者、世間人民不念修善。兩舌、惡口、
妄言、綺語、憎嫉善人。敗壞賢明。不孝父母。輕慢師
長。朋友無信、難得誠實。尊貴自大、謂己有道。橫行
威勢、侵易於人、欲人畏敬、不自慚懼。難可降化、
常懷憍慢。賴其前世、福德營護。今世爲惡、福德盡
滅。壽命終盡、諸惡繞歸。又其名籍、記在神明。殃咎

牽引、無從舍離。但得前行、入於火鑊。身心摧碎、

神形苦極。當斯之時、悔復何及。其五者、世間人民徒

倚懈怠。不肯作善、治身修業。父母教誨、違戾反逆。

譬如怨家、不如無子。負恩違義、無有報償。放恣、遊

散、耽酒、嗜美、魯扈抵突。不識人情。無義無禮、

不可諫曉。六親眷屬、資用有無、不能憂念。不惟父母

之恩。不存師友之義。意念身口、曾無一善。不信諸佛

經法。不信生死善惡。欲害眞人、鬩亂僧衆。愚癡蒙

昧、自爲智慧。不知生所從來、死所趣向。不仁不順。

希望長生。慈心教誨、而不肯信。苦口與語、無益其

人。心中閉塞、意不開解。大命將終、悔懼交至。不豫

修善、臨時乃悔。悔之於後、將何及乎。天地之間、五

道分明。善惡報應、禍福相承。身自當之、無誰代者。

善人行善、從樂入樂、從明入明。惡人行惡、從苦入

苦、從冥入冥。誰能知者、獨佛知耳。教語開示、信行

者少。生死不休、惡道不絶。 如是世人、難可具盡。

故有自然三途、 無量苦惱、 輾轉其中。 世世累劫、
無有出期。難得解脫、痛不可言。如是五惡五痛五燒。
譬如大火、焚燒人身。若能自於其中一心制意。端身正
念。言行相副、所作至誠。獨作諸善、不爲衆惡。身獨
度脫、獲其福德。可得長壽泥洹之道。是爲五大善也。

重重誨勉 第三十六

佛告彌勒、吾語汝等。 如是五惡五痛五燒、輾轉相生。
敢有犯此、當歷惡趣。或其今世、先被病殃。死生不得、
示衆見之。或於壽終、入三惡道。愁痛酷毒、自相燋然。
共其怨家、更相殺傷。從小微起、成大困劇。皆由貪著財
色、不肯施惠。各欲自快、無復曲直。癡欲所迫、厚己爭
利。富貴榮華、當時快意。不能忍辱、不務修善。威勢無
幾、隨以磨滅。天道施張、自然紏舉、茕茕忪忪、當入
其中。古今有是、痛哉可傷。汝等得佛經語。熟思惟之。

각자단수 종신불태 존성경선 인자박애 당구도세
各自端守、終身不怠。尊聖敬善、仁慈博愛。當求度世、

발단생사중악지본 당리삼도 우포고통지도 약조작
拔斷生死衆惡之本。當離三途、憂怖苦痛之道。若曹作

선 운하제일 당자단심 당자단신 이목구비 개당자
善、云何第一。當自端心。當自端身。耳目口鼻、皆當自

단 신심정결 여선상응 물수기욕 불범제악 언색당
端。身心淨潔、與善相應。勿隨嗜欲、不犯諸惡。言色當

화 신행당전 동작첨시 안정서위 작사창졸 패회재
和。身行當專。動作瞻視、安定徐爲。作事倉卒、敗悔在

후 위지불제 망기공부
後。爲之不諦、亡其功夫。

여빈득보 제삼십칠
如貧得寶 第三十七

여등광식덕본 물범도금 인욕 정진 자심전일 재계
汝等廣植德本、勿犯道禁。忍辱、精進。慈心專一。齋戒

청정 일일일야 승재무량수국위선백세 소이자하
淸淨、一日一夜。勝在無量壽國爲善百歲。所以者何、

피불국토 개적덕중선 무호발지악 어차수선 십일십
彼佛國土、皆積德衆善、無毫髮之惡。於此修善、十日十

야 승어타방제불국중 위선천세 소이자하 타방불
夜。勝於他方諸佛國中、爲善千歲。所以者何、他方佛

국 복덕자연 무조악지지 유차세간 선소악다 음고
國、福德自然、無造惡之地。唯此世間、善少惡多。飮苦

식독 미상영식 오애여등 고심회유 수여경법 실지
食毒、未嘗寧息。吾哀汝等、苦心誨喻、授與經法。悉持

思之。悉奉行之。尊卑、男女、眷屬、朋友、轉相教語。

自相約檢。和順義理、歡樂慈孝。所作如犯、則自悔過。

去惡就善、朝聞夕改。奉持經戒、如貧得寶。改往修來、

洒心易行。自然感降、所願輒得。佛所行處、國邑丘聚、

靡不蒙化。天下和順、日月清明。風雨以時、災厲不起。

國豐民安、兵戈無用。崇德興仁、務修禮讓。國無盜賊。

無有怨枉。強不陵弱。各得其所。我哀汝等、甚於父母念

子。我於此世作佛、以善攻惡、拔生死之苦。令獲五德、

升無爲之安。吾般泥洹、經道漸滅。人民諂僞、復爲衆

惡。五燒五痛、久後轉劇。汝等轉相教誡。如佛經法、

無得犯也。彌勒菩薩、合掌白言、世人惡苦、如是如是。

佛皆慈哀、悉度脫之。受佛重誨、不敢違失。

예불현광 제삼십팔
禮佛現光 第三十八

불고아난 약조욕견무량청정평등각 급제보살아라한
佛告阿難、若曹欲見無量清淨平等覺、及諸菩薩阿羅漢

등소거국토 응기서향 당일몰처 공경정례 칭념나무
等所居國土。應起西向、當日沒處、恭敬頂禮。稱念南無

아미타불 아난즉종좌기 면서합장 정례백언 아금원
阿彌陀佛。阿難卽從座起、面西合掌、頂禮白言、我今願

견극락세계아미타불 공양봉사 종제선근 정례지간
見極樂世界阿彌陀佛。供養奉事、種諸善根。頂禮之間、

홀견아미타불 용안광대 색상단엄 여황금산 고출일
忽見阿彌陀佛、容顏廣大、色相端嚴。如黃金山、高出一

체제세계상 우문시방세계제불여래 칭양찬탄 아미
切諸世界上。又聞十方世界諸佛如來、稱揚贊歎、阿彌

타불종종공덕 무애무단 아난백언 피불정찰득미증
陀佛種種功德、無礙無斷。阿難白言、彼佛淨刹得未曾

유 아역원요생어피토 세존고언 기중생자 이증친근
有、我亦願樂生於彼土。世尊告言、其中生者、已曾親近

무량제불 식중덕본 여욕생피 응당일심귀의첨앙
無量諸佛、植衆德本。汝欲生彼、應當一心歸依瞻仰。

작시어시 아미타불즉어장중방무량광 보조일체제불
作是語時、阿彌陀佛卽於掌中放無量光。普照一切諸佛

세계 시제불국 개실명현 여처일심 이아미타불수승
世界。時諸佛國、皆悉明現、如處一尋。以阿彌陀佛殊勝

광명 극청정고 어차세계소유흑산 설산 금강 철
光明、極淸淨故。於此世界所有黑山、雪山、金剛、鐵

위 대소제산 강하 총림 천인궁전 일체경계 무불
圍、大小諸山、江河、叢林、天人宮殿、一切境界、無不

조견 비여일출 명조세간 내지니리 계곡 유명지
照見。譬如日出、明照世間。乃至泥犁、溪谷、幽冥之

處、悉大開闢、皆同一色。猶如劫水彌滿世界。其中萬
物、沈沒不現。混瀁浩汗、唯見大水。彼佛光明、亦復如
是。聲聞菩薩、一切光明、悉皆隱蔽。唯見佛光、明耀顯
赫。此會四衆、天龍八部、人非人等、皆見極樂世界、
種種莊嚴。阿彌陀佛、於彼高座。威德巍巍、相好光明。
聲聞菩薩、圍繞恭敬。譬如須彌山王、出於海面。明現照
耀、清淨平正。無有雜穢、及異形類。唯是衆寶莊嚴、
聖賢共住。阿難及諸菩薩衆等、皆大歡喜。踴躍作禮。
以頭著地。稱念南無阿彌陀三藐三佛陀。諸天人民、以
至蜎飛蠕動。覩斯光者、所有疾苦、莫不休止。一切憂
惱、莫不解脫。悉皆慈心作善。歡喜快樂。鍾磬琴瑟、
箜篌樂器、不鼓自然皆作五音。諸佛國中。諸天人民。
各持花香、來於虛空散作供養。爾時極樂世界、過於西
方百千俱胝那由他國。以佛威力、如對目前。如淨天眼、
觀一尋地。彼見此土、亦復如是。悉覩娑婆世界、釋迦如
來、及比丘衆、圍繞說法。

慈氏述見 第三十九

爾時佛告阿難、及慈氏菩薩、汝見極樂世界、宮殿、樓
閣、泉池、林樹、具足微妙、淸淨莊嚴不。汝見欲界諸
天、上至色究竟天、雨諸香華、偏佛刹不。阿難對曰唯
然已見。汝聞阿彌陀佛大音宣布一切世界、化衆生不。
阿難對曰唯然已聞。佛言汝見彼國淨行之衆、遊處虛
空。宮殿隨身、無所障礙。偏至十方供養諸佛不。及見
彼等念佛相續不。復有衆鳥住虛空界、出種種音、皆是
化作、汝悉見不。慈氏白言、如佛所說、一一皆見。佛告
彌勒、彼國人民有胎生者、汝復見不。彌勒白言、世尊、
我見極樂世界人住胎者、如夜摩天、處於宮殿。又見衆
生。於蓮華內結跏趺坐、自然化生。何因緣故、彼國人
民、有胎生者、有化生者。

邊地疑城 第四十
변지의성 제사십

佛告慈氏、若有衆生、以疑惑心修諸功德。願生彼國。
불고자씨 약유중생 이의혹심수제공덕 원생피국

不了佛智、不思議智、不可稱智、大乘廣智、無等無倫、
불료불지 부사의지 불가칭지 대승광지 무등무륜

最上勝智、於此諸智、疑惑不信。猶信罪福、修習善本、
최상승지 어차제지 의혹불신 유신죄복 수습선본

願生其國。復有衆生、積集善根、希求佛智、普遍智、
원생기국 부유중생 적집선근 희구불지 보변지

無等智、威德廣大不思議智。於自善根、不能生信。故於
무등지 위덕광대부사의지 어자선근 불능생신 고어

往生淸淨佛國、意志猶豫、無所專據。然猶續念不絶。
왕생청정불국 의지유예 무소전거 연유속념부절

結其善願爲本、續得往生。是諸人等、以此因緣、雖生彼
결기선원위본 속득왕생 시제인등 이차인연 수생피

國、不能前至無量壽所、道止佛國界邊、七寶城中。佛不
국 불능전지무량수소 도지불국계변 칠보성중 불부

使爾、身行所作、心自趣向。亦有寶池蓮華、自然受身。
사이 신행소작 심자취향 역유보지연화 자연수신

飮食快樂、如忉利天。於其城中、不能得出。所居舍宅
음식쾌락 여도리천 어기성중 불능득출 소거사택

在地、不能隨意高大。於五百歲、常不見佛、不聞經法、
재지 불능수의고대 어오백세 상불견불 불문경법

不見菩薩聲聞聖衆。其人智慧不明、知經復少。心不開
불견보살성문성중 기인지혜불명 지경부소 심불개

解、意不歡樂。是故於彼、謂之胎生。若有衆生、明信佛
해 의불환락 시고어피 위지태생 약유중생 명신불

智、乃至勝智。斷除疑惑。信己善根。作諸功德。至心迴
지 내지승지 단제의혹 신기선근 작제공덕 지심회

向。皆於七寶華中、自然化生、跏趺而坐。須臾之頃、

身相、光明、智慧、功德、如諸菩薩、具足成就。彌勒當

知、彼化生者、智慧勝故。其胎生者、五百歲中、不見三

寶。不知菩薩法式。不得修習功德。無因奉事無量壽佛。

當知此人、宿世之時、無有智慧、疑惑所致。

惑盡見佛 第四十一

譬如轉輪聖王、有七寶獄。王子得罪、禁閉其中。層樓

綺殿、寶帳金牀。欄窓榻座、妙飾奇珍。飲食衣服、

如轉輪王。而以金鏁、繫其兩足。諸小王子、寧樂此

不。慈氏白言、不也世尊。彼幽縶時、心不自在。但以

種種方便、欲求出離。求諸近臣、終不從心。輪王歡

喜、方得解脫。佛告彌勒、此諸衆生、亦復如是。若有

墮於疑悔、希求佛智、至廣大智。於自善根、不能生

信。由聞佛名、起信心故。雖生彼國、於蓮華中不得出

現。彼處華胎、猶如園苑宮殿之想。何以故、彼中清

淨、無諸穢惡、然於五百歲中、不見三寶。不得供養奉

事諸佛。遠離一切殊勝善根。以此爲苦，不生欣樂。若

此衆生識其罪本、深自悔責、求離彼處。往昔世中、過

失盡已、然後乃出。即得往詣無量壽所、聽聞經法。久

久亦當開解歡喜、亦得徧供無數無量諸佛、修諸功德。

汝阿逸多、當知疑惑、於諸菩薩爲大損害。爲失大利。

是故應當明信諸佛無上智慧。慈氏白言、云何此界一

類衆生、雖亦修善、而不求生。佛告慈氏、此等衆生、

智慧微淺。分別西方、不及天界。是以非樂、不求生

彼。慈氏白言、此等衆生、虛妄分別。不求佛刹、何免

輪迴。佛言彼等所種善根、不能離相、不求佛慧。深著

世樂、人間福報。雖復修福、求人天果。得報之時、一

切豐足。而未能出三界獄中、假使父母妻子男女眷屬、

欲相救免。邪見業王、未能舍離、常處輪迴而不自在。

여견우치지인 부종선근 단이세지총변 증익사심
汝見愚癡之人、不種善根、但以世智聰辯、增益邪心。

운하출리생사대난 부유중생 수종선근 작대복전
云何出離生死大難。復有衆生、雖種善根、作大福田。

취상분별 정집심중 구출윤회 종불능득 약이무상
取相分別、情執深重。求出輪迴、終不能得。若以無相

지혜 식중덕본 신심청정 원리분별 구생정찰 취
智慧、植衆德本。身心清淨、遠離分別。求生淨刹、趣

불보리 당생불찰 영득해탈
佛菩提。當生佛刹。永得解脫。

보살왕생 제사십이
菩薩往生 第四十二

미륵보살백불언 금차사바세계 급제불찰 불퇴보살
彌勒菩薩白佛言、今此娑婆世界、及諸佛刹、不退菩薩、

당생극락국자 기수기하 불고미륵 어차세계 유칠백
當生極樂國者、其數幾何。佛告彌勒、於此世界、有七百

이십억보살 이증공양무수제불 식중덕본 당생피국
二十億菩薩、已曾供養無數諸佛。植衆德本、當生彼國。

제소행보살 수습공덕 당왕생자 불가칭계 부단아찰
諸小行菩薩、修習功德、當往生者、不可稱計。不但我刹

제보살등 왕생피국 타방불토 역부여시 종원조불
諸菩薩等、往生彼國。他方佛土、亦復如是。從遠照佛

찰 유십팔구지나유타보살마하살 생피국토 동북방
刹、有十八俱胝那由他菩薩摩訶薩、生彼國土。東北方

보장불찰 유구십억불퇴보살 당생피국 종무량음불
寶藏佛刹、有九十億不退菩薩、當生彼國。從無量音佛

찰 광명불찰 용천불찰 승력불찰 사자불찰 이진불
利、光明佛利、龍天佛利、勝力佛利、獅子佛利、離塵佛

찰 덕수불찰 인왕불찰 화당불찰 불퇴보살당왕생
利、德首佛利、仁王佛利、華幢佛利、不退菩薩當往生

자 혹수십백억 혹수백천억 내지만억 기제십이불명
者、或數十百億。或數百千億。乃至萬億。其第十二佛名

무상화 피유무수제보살중 개불퇴전 지혜용맹 이증
無上華。彼有無數諸菩薩衆、皆不退轉。智慧勇猛、已曾

공양무량제불 구대정진 발취일승 어칠일중 즉능섭
供養無量諸佛、具大精進、發趣一乘。於七日中、卽能攝

취백천억겁 대사소수견고지법 사등보살 개당왕생
取百千億劫、大士所修堅固之法。斯等菩薩、皆當往生。

기제십삼불명왈무외 피유칠백구십억대보살중 제소
其第十三佛名曰無畏。彼有七百九十億大菩薩衆、諸小

보살급비구등 불가칭계 개당왕생 시방세계제불명
菩薩及比丘等、不可稱計、皆當往生。十方世界諸佛名

호 급보살중당왕생자 단설기명 궁겁부진
號、及菩薩衆當往生者、但說其名、窮劫不盡。

비 시 소 승 제 사 십 삼
非是小乘 第四十三

불고자씨 여관피제보살마하살 선획이익 약유선남
佛告慈氏、汝觀彼諸菩薩摩訶薩、善獲利益。若有善男

자 선여인 득문아미타불명호 능생일념희애지심
子、善女人、得聞阿彌陀佛名號、能生一念喜愛之心。

귀의첨례 여설수행 당지차인위득대리 당획여상소
歸依瞻禮、如說修行。當知此人爲得大利。當獲如上所

설공덕 심무하열 역불공고 성취선근 실개증상
說功德。心無下劣、亦不貢高。成就善根、悉皆增上。

당지차인비시소승 어아법중 득명제일제자 시고고
當知此人非是小乘。於我法中、得名第一弟子。是故告

여천인세간아수라등 응당애요수습 생희유심 어차
汝天人世間阿修羅等、應當愛樂修習、生希有心。於此

경중 생도사상 욕령무량중생 속질안주득불퇴전
經中、生導師想。欲令無量衆生、速疾安住得不退轉、

급욕견피광대장엄 섭수수승불찰 원만공덕자 당기
及欲見彼廣大莊嚴。攝受殊勝佛刹、圓滿功德者。當起

정진 청차법문 위구법고 불생퇴굴첨위지심 설입대
精進、聽此法門。爲求法故、不生退屈諂僞之心。設入大

화 불응의회 하이고 피무량억제보살등 개실구차미
火、不應疑悔。何以故、彼無量億諸菩薩等、皆悉求此微

묘법문 존중청문 불생위배 다유보살 욕문차경이불
妙法門、尊重聽聞、不生違背。多有菩薩、欲聞此經而不

능득 시고여등 응구차법
能得、是故汝等、應求此法。

수보리기 제사십사
受菩提記 第四十四

약어내세 내지정법멸시 당유중생 식제선본 이증공
若於來世、乃至正法滅時、當有衆生、植諸善本。已曾供

양무량제불 유피여래가위력고 능득여시광대법문
養無量諸佛。由彼如來加威力故、能得如是廣大法門。

섭취수지 당획광대일체지지 어피법중 광대승해
攝取受持、當獲廣大一切智智。於彼法中、廣大勝解、

獲大歡喜。廣爲他說。常樂修行。諸善男子、及善女人、
能於是法、若已求、現求、當求者、皆獲善利、汝等應當
安住無疑。種諸善本、應常修習、使無疑滯、不入一切種
類珍寶成就牢獄。阿逸多、如是等類大威德者、能生佛
法廣大異門。由於此法不聽聞故、有一億菩薩、退轉阿
耨多羅三藐三菩提。若有衆生、於此經典、書寫、供養、
受持、讀誦、於須臾頃爲他演說。勸令聽聞。不生憂惱。
乃至晝夜思惟彼刹、及佛功德。於無上道、終不退轉。
彼人臨終、假使三千大千世界滿中大火、亦能超過、生
彼國土。是人已曾值過去佛、受菩提記。一切如來、同所
稱讚。是故應當專心信受、持誦、說行。

獨留此經第 四十五

吾今爲諸衆生說此經法、令見無量壽佛、及其國土一切

所有。所當爲者、皆可求之。無得以我滅度之後、復生疑
惑。當來之世、經道滅盡。我以慈悲哀愍、特留此經止住
百歲。其有衆生、値斯經者、隨意所願、皆可得度。如來
興世、難値難見。諸佛經道、難得難聞。遇善知識、聞法
能行、此亦爲難。若聞斯經、信樂受持、難中之難、無過
此難。若有衆生得聞佛聲。慈心淸淨踊躍歡喜、衣毛爲
起或淚出者。皆由前世曾作佛道、故非凡人。若聞佛號、
心中狐疑。於佛經語、都無所信、皆從惡道中來。宿殃未
盡、未當度脫。故心狐疑、不信向耳。

勤修堅持 第四十六

佛告彌勒、諸佛如來無上之法、十力無畏、無礙無著、
甚深之法。及波羅密等菩薩之法。非易可遇。能說法人、
亦難開示。堅固深信、時亦難遭。我今如理宣說如是廣

^{대미묘법문} ^{일체제불지소칭찬} ^{부촉여등} ^{작대수호}
大微妙法門。一切諸佛之所稱贊、付囑汝等、作大守護。
^{위제유정장야이익} ^{막령중생윤타오취} ^{비수위고} ^응
爲諸有情長夜利益。莫令衆生淪墮五趣、備受危苦。應
^{근수행} ^{수순아교} ^{당효어불} ^{상념사은} ^{당령시법구주}
勤修行。隨順我教。當孝於佛、常念師恩。當令是法久住
^{불멸} ^{당견지지} ^{무득훼실} ^{무득위망} ^{증감경법} ^{상념}
不滅。當堅持之、無得毀失。無得爲妄、增減經法。常念
^{부절} ^{즉득도첩} ^{아법여시} ^{작여시설} ^{여래소행} ^{역응}
不絶、則得道捷。我法如是、作如是說。如來所行、亦應
^{수행} ^{종수복선} ^{구생정찰}
隨行。種修福善、求生淨刹。

^{복혜시문} ^{제사십칠}
福慧始聞　第四十七

^{이시세존이설송왈}
爾時世尊而說頌曰

^{약부왕석수복혜}　　　　^{어차정법불능문}
若不往昔修福慧　　　於此正法不能聞
^{이증공양제여래}　　　　^{즉능환희신차사}
已曾供養諸如來　　　則能歡喜信此事
^{악교해태급사견}　　　　^{난신여래미묘법}
惡驕懈怠及邪見　　　難信如來微妙法
^{비여맹인항처암}　　　　^{불능개도어타로}
譬如盲人恒處暗　　　不能開導於他路
^{유증어불식중선}　　　　^{구세지행방능수}
唯曾於佛植衆善　　　救世之行方能修

문이수지급서사
聞已受持及書寫

독송찬연병공양
讀誦贊演並供養

여시일심구정방
如是一心求淨方

결정왕생극락국
決定往生極樂國

가사대화만삼천
假使大火滿三千

승불위덕실능초
乘佛威德悉能超

여래심광지혜해
如來深廣智慧海

유불여불내능지
唯佛與佛乃能知

성문억겁사불지
聲聞億劫思佛智

진기신력막능측
盡其神力莫能測

여래공덕불자지
如來功德佛自知

유유세존능개시
唯有世尊能開示

인신난득불난치
人身難得佛難値

신혜문법난중난
信慧聞法難中難

약제유정당작불
若諸有情當作佛

행초보현등피안
行超普賢登彼岸

시고박문제지사
是故博聞諸智士

응신아교여실언
應信我敎如實言

여시묘법행청문
如是妙法幸聽聞

응상염불이생희
應常念佛而生喜

수지광도생사류
受持廣度生死流

불설차인진선우
佛說此人眞善友

문경획익　제사십팔
聞經獲益　第四十八

이시세존설차경법　천인세간　유만이천나유타억중
爾時世尊說此經法、 天人世間、 有萬二千那由他億衆

생　원리진구　득법안정　이십억중생　득아나함과
生、 遠離塵垢、 得法眼淨。 二十億衆生、 得阿那含果。

六千八百比丘、諸漏已盡、心得解脫。四十億菩薩、於無
上菩提住不退轉、以弘誓功德而自莊嚴。二十五億衆
生、得不退忍。四萬億那由他百千衆生、於無上菩提未
曾發意、今始初發。種諸善根、願生極樂、見阿彌陀佛。
皆當往生彼如來土。各於異方次第成佛、同名妙音如
來。復有十方佛刹若現在生、及未來生、見阿彌陀佛者、
各有八萬俱胝那由他人、得授記法忍、成無上菩提。彼
諸有情、皆是阿彌陀佛宿願因緣、俱得往生極樂世界。
爾時三千大千世界六種震動。並現種種希有神變。放大
光明。普照十方。復有諸天、於虛空中、作妙音樂、出隨
喜聲。乃至色界諸天。悉皆得聞。歎未曾有。無量妙花紛
紛而降。尊者阿難、彌勒菩薩、及諸菩薩聲聞、天龍八
部、一切大衆。聞佛所說。皆大歡喜。信受奉行。

佛說大乘無量壽莊嚴清淨平等覺經　終

발 일 체 업 장 근 본 득 생 정 토 다 라 니
拔一切業障根本得生淨土陀羅尼

나 무 아 미 다 바 야   다 타 가 다 야   다 지 야 타   아 미 리 도 바 비
南無阿彌多婆夜 哆他伽多夜 哆地夜他 阿彌唎都婆毗

아 미 리 다   실 담 바 비   아 미 리 다   비 가 란 제   아 미 리 다
阿彌唎哆 悉眈婆毗 阿彌唎哆 毗迦蘭帝 阿彌唎哆

비 가 란 다   가 미 니   가 가 나   지 다 가 리   사 바 하
毗迦蘭多 伽彌膩 伽伽那 枳多迦利 娑婆訶 (3회)

찬 불 게
讚佛偈

아 미 타 불 신 금 색   상 호 광 명 무 등 륜
阿彌陀佛身金色　　相好光明無等倫

백 호 완 전 오 수 미   감 목 징 청 사 대 해
白毫宛轉五須彌　　紺目澄清四大海

광 중 화 불 무 수 억   화 보 살 중 역 무 변
光中化佛無數億　　化菩薩衆亦無邊

사 십 팔 원 도 중 생   구 품 함 령 등 피 안
四十八願度衆生　　九品咸令登彼岸

나 무 서 방 극 락 세 계 대 자 대 비 아 미 타 불
南無西方極樂世界大慈大悲阿彌陀佛

나 무 아 미 타 불
南無阿彌陀佛 (염불 수에 따라 백 번 내지 천 번
　　　　　　하고 다시 4자염불로 바꾼다)

阿彌陀佛 (백천 번)

南無觀世音菩薩 (3회)　　南無大勢至菩薩 (3회)

南無淸淨大海衆菩薩 (3회)

三歸依

自歸依佛當願衆生　紹隆佛種發無上心

自歸依法當願衆生　深入經藏智慧如海

自歸依僧當願衆生　統理大衆一切無礙　和南聖衆

迴向揭

願以此功德　莊嚴佛淨土　上報四重恩　下濟三塗苦

若有見聞者　悉發菩提心　盡此一報身　同生極樂國

혜명 노법사(오른쪽)께서 이 회집본을 증명하시기 위해 하련거 거사(왼쪽)와 함께 각각
회집본 1권을 두 손으로 받쳐 들고, 불전에서 사진을 찍으셨다.

대경 회집본 3차 인쇄본 발문

무술(丙戌: 1946)년 겨울, 어머님이신 매梅 태부인의 생신을 기념하여 (저 황념조는) 삼가 어머님의 분부를 계승하고자 저의 스승이신 연공蓮公 하련거 노거사께서 회집하신 『무량수경』 1천 권을 중판 인쇄하였습니다. 깊은 원심에 각지에서 풍문을 듣고 함께 일어나 인쇄한 사람도 무량이었고, 독송한 사람도 무량이었으며, 발심하여 법익을 얻은 사람도 무량이어서, 널리 법을 베풀어 겁운劫運을 돌렸습니다. 이에 달이 바뀔수록 정종학회淨宗學會·유불동심학회儒佛同心學會에서부터 숭검소식회崇儉素食會·만국도덕회萬國道德會·정의학회正誼學會 등에 이르기까지 제방의 선남선녀들이 잇달아 발심하여 이 경전을 계속 인쇄하니, 그 수량이 3천 권에 달하였습니다. 여기서 남이 선한 일을 하길 좋아함은 누구도 나만 못함을 알 수 있었습니다. 법은 홀로 일어나는 것이 아니라 인연에 기대어 생긴다(法不孤起, 仗緣乃生) 하였습니다.

(저 념조가) 인쇄한 1천 권에는 이미 외삼촌이신 남창 매공의 서문이

실려 있고, 또 장인어른이신 삼대三台 숙공蕭公의 발문도 실려 있습니다. 이번에 연이어 인쇄하기로 발심함에 제공諸公께서 모두 (저 넘조가) 간략히 대략적인 내용을 이야기해 주길 바라셔서 수승한 인연을 기록합니다. 비록 제가 천박하고 비루하여 의리로 거절할 수가 없어, 삼가 보고 듣고 느낀 점을 대중에게 공양하오니, 미루어 헤아려 주시길 희망합니다.

제가 들은 바로는 연공 스승께서 이 경을 집성하시자 처음으로 종승과 교승에 모두 철저한 대덕이신 혜명慧明 노법사님께 이 경전을 지니고 불전에서 사진을 찍어 인증으로 삼았습니다.16) 계속해서 선종의 대덕이신 월계 법사月溪法師께서 속히 인쇄한 것을 힘껏 찬탄하셨습니다. 그리고 밀종의 대덕이신 초일超一 법사께서 유통에 협조하셨습니다. 또 율종의 대덕이신 자주慈舟 법사께서 친히 과판科判을 하시고, 지난濟南에서 강좌를 열어 공전의 성황을 이루었습니다. 점화사拈花寺에서도 또한 강좌를 열었습니다.

사부대중을 이끌고서 이 경전을 공부하고 독송하기에 이르신, 북경 극락암極樂庵 방장 묘선妙禪 노화상께서는 또 산동여자 연사蓮

---

16) 281쪽 사진 참조

社 오천향吳傳鄕 사장의 요청으로 절에서 두 달간 강좌를 여셨습니다. 그리고 장기간 스스로 공부하신 분으로는 곧 오묘悟妙 법사, 본각本覺 법사 그리고 비구니 심상心常 스승님이 계십니다. 이 경에 대해 주해를 발원하신 분으로 곧 『몽장불교사蒙藏佛敎史』를 저술하신 묘주妙舟 법사님이 계십니다. 10년 불사로 이 경의 소초疏抄를 쓰기로 기약하신 분은 정종의 조정인 석벽산石璧山 현중사玄中寺 방장 운봉雲峯 법사이십니다.

묘妙 · 설雪 두 분 스승님과 속가續可 법사님께서는 모두 대학을 졸업하셨고, 묘妙 · 속續 두 분 스승님께서는 모두 군 · 정 · 교육 각계에서 복무하신 분입니다. 속공續公의 출가 인연 절반은 이 경으로 말미암았습니다. 어린 시절 저의 스승은 신앙심이 매우 깊었고, 중년에 학불할 것을 발심하였습니다. 저의 스승은 이 경을 주면서 "불법은 작은 인연이 아니니, 먼저 이것을 숙달하여 선근을 길러야 한다."라고 말씀하셨습니다. 그는 보름이 미처 되기도 전에 이 경을 암송할 수 있었습니다. 저의 스승님께서는 그 용맹함과 예리함이 훌륭하셔서 선종의 요지를 말씀하시길, 저녁에서 아침까지 계속해서 무릇 40일이나 되었습니다. 한겨울 바람이 불고 눈이 내리는데 화롯불엔 온기가 없지만, 듣는 자나 말하는 자는 함께 추위와 피곤을 잊었습니다. 속공께서는 정업淨業을 크게 성취하길 바라셔서 얼마 되지 않아 세속의 영화를 헌신짝처럼 버리고 머리 깎고 구족계를 받았습니다. 지금은 평진平津에서 법을 넓히고 계시며, 군중은 그의 지혜와 변제가 특출하다고 칭찬합니다. 이 모두를 이 경에서 계발할 수 있었습니다.

이상에서 서술한 것은 모두 출가 대덕, 이 경과 수승한 인연이 있는 사람들에게 진행 중입니다. 당송에 이르기 이전 고승명현高僧名賢들이 수지하고 찬탄·실천(讚演)하여서 영감을 획득한 자가 헤아릴 수 없이 많았습니다. 그러나 현재 거사 중에서 이 경에서 이익을 얻어 본보기를 이루는 분들이 특히 많습니다.

교양이 있지만 불교를 믿지 않아도 이 경을 보고 선근이 문득 발현하여 즉시 권속을 거느리고 함께 삼귀의와 계를 받아, 가장 먼저 일과를 정해 독송하여 제일 먼저 암송하고, 가장 먼저 2천 부를 15년 전에 인쇄하신 분은 원래 엄숙하고 위엄이 있는 장군 장공헌신張公憲臣이십니다. 10년 간 이 경을 일과로 정해 독송하고, 여태 잠시도 그친 적이 없으며, 게다가 황양산黃陽山에서 폐관閉關하고 여러 본을 사경하여 사람들에게 보시하신 분은 고희古稀의 고령에도 건강하고도 원기왕성하신 이서원李西原 노거사이십니다.

여러 해 고질병에 백약이 무효하여 이 경을 배송拜誦함으로 인해 고질병이 홀연히 치료되었고, 바른 믿음을 이미 일깨워서 전혀 딴 사람이 되어 미래제未來際가 다하도록 이 경을 독송하고 이 경을 널리 펴기로 발원하신 분은 황정명黃正明 여사이십니다. 그녀를 뒤따라 행하신 분들로는 즉 이명곤李明坤, 매갈명梅葛明, 금명錦明 여사 등이 있습니다. 이 경을 독송하자마자 환희 찬탄하여 얼마 되지 않아 곧 물 흐르듯 암송할 수 있었고, 이로부터 불문에 귀의하고 정업을 수락하기로 뜻을 세우신 분은 장보경張輔卿 장군이십니다.

이 경을 사경하기로 발심하고 장래 영인하기로 하신 분들로는 즉 소공용우蕭公龍友, 곽공칙운郭公則澐, 이군광평李君廣平이 계십니다. 독송수지하고 믿음이 굳건하며 발라서, 혹은 일과로 삼고, 혹은 암송하였으며, 혹은 숙세의 업장을 제거하고, 혹은 선근을 증장시키신 분들로는 즉 곡선당曲善堂, 하오명夏悟明, 왕술종王述宗 등 여러 거사들이 계십니다. 불승을 향할지라도 아직 방법을 얻지 못하다가 가난한 사람이 보배를 얻듯이 이 경을 홀연히 만나신 분으로는 곧 풍성원馮性圓 등 여러 여사들이 계십니다.

진작부터 정토를 믿어 스스로 당오(堂奧: 학문의 심원한 경지)를 엿보았다 말하였지만, 이 경을 독송하고 옛날 비결을 얻지 못한 것을 비로소 부끄러워하고, 또 저의 스승님이 강해하신 것을 듣고 이 법이 8교八敎를 다 포괄하고 5종五宗을 원만히 거두어들이는 광대

하고 심오한 법문임을 알고서 다른 사람으로 하여금 찬탄하게
하면서 스스로 부끄럽고 흥분해 감정을 억누를 수 없는 사람으로는
곧 저 념조念祖와 황려초黃爐初 중장中將, 제중구齊重九 거사 등이
있습니다. 이 경을 독송하고서 혹 영험이 현저하고, 혹 은밀한
이익을 얻은 것에 대해 눈으로 보고 귀로 들은 것은 너무나 많아
일일이 열거하기 어렵습니다.

또한 이제 갓 믿고 갓 의심하여서 다른 사람에 따라 말이 달라지고,
혹 늘상 보면서도 본체만체하며, 혹 제장諸將이 오길 기다려서
비록 복록福祿이 갖추어져 있지 않아도 선근이 얼굴에 드러나는
때가 있습니다. 만약 원역본에 대해 아직 두루 독송하지 않고
회본會本을 더 상세히 참작하지 않으면서, 멋대로 억지로 맹목적으
로 말하니, 뜻은 시기 질투에 있어 결국 파순 권속이고, 여래께서
가엾이 여기는 자라 말할 수 있습니다. 본경에서는 "과거 생에
복과 지혜를 닦아놓지 않았다면 금생에서 이 정법을 들을 수가
없다(若不往昔修福慧 , 於此正法不能聞)"고 말합니다. 또 "악업교만 해
태사견 중생마음 가로막아(惡憍懈怠及邪見)", "비유컨대 장님이 오
래 암흑 속에 있어(譬如盲人恒處暗)"라고 말합니다. 중생은 기감(機感;
중생이 부처나 보살의 교화를 감지함)이 각각 달라 보이지만, 선근이
불가사의하고 업력 또한 불가사의함을 우리 부처님께서 여러
차례 말씀하셨습니다.

(저 녑조는) 이 판본을 처음 얻어서 황망하여 어찌할 바를 몰라 하다가 5종 원역본을 수집하는 틈을 타서 하나하나 책을 펼쳐 읽고서, 비로소 이 경이 정토 여러 경의 강요일 뿐만 아니라 세도世道의 융성과 부패, 국운의 흥함·쇠함과 절대적으로 관계가 있음을 알게 되었습니다. 또한 삼가(三家: 왕용서, 팽제청彭際淸, 위원魏源)가 절회節會한 판본을 찾아보고 상세히 참조하며 서로 비교하고서, 저의 스승님께서 법을 널리 펴고 세상을 구하기 위해 얼마나 고심하셨는지, 이 경을 얼마나 정밀하고 신중하게 회집하셨는지, 실제로 얕은 지식과 적은 학문으로는 꿈꿀 수 없는 것임을 더욱 더 깊이 깨달았습니다. 마땅히 출가·재가의 대덕들께서 뒤이어 제창하시고 찬탄하심은 상의하지 않아도 같습니다.

침선등沈善登 거사(일찍이 『보은론報恩論』을 저술한 근대 불학계의 특출한 인물)의 말씀에 이르길, "정종의 미묘함은 불법을 여의지 않고 세간법을 행하고, 세간법을 폐하지 않고 불법을 증득하는데 있다 (淨宗之妙, 在不離佛法而行世法, 不廢世法而證佛法)."라고 잘 말씀하셨습니다. 이 경은 의정장엄依正莊嚴, 수지위차修持位次를 갖추어 보여주는 것 이외에도 실제로 앞의 발문에서 말한 바와 같이 괴롭고 즐거움(苦樂), 기뻐하고 싫어함(欣厭), 중생과 부처님의 감응 이치를 최대한도로 밝히고 있으며, 현밀성상顯密性相, 사리인과事理因果

의 뜻을 남김없이 개괄하고 있으므로 대승을 지향하는 사람은 반드시 읽어야 하고, 세상을 구하려는 마음이 있는 자가 반드시 널리 펴야 하는 것입니다.

사회 풍조가 날로 나빠지고, 사람의 마음이 그 속에 빠져 있음을 개탄하며 같은 업임을 공감합니다. 전에 없던 겁운을 뭇사람들이 살갗을 베는 듯이 절실히 사무치게 느끼며 모두 그로부터 구해주길 바라고 있습니다. 그러나 겁劫은 업業으로 말미암아 이루어지고, 업은 마음으로 말미암아 짓는 것이므로 겁운을 돌리려면 사람 마음을 반드시 바르게 해야 합니다. 세풍世風을 바꾸지 못하면 겁운을 돌리기 어렵고, 괴로움의 인을 뽑아내지 못하면 괴로움의 과로부터 벗어나기 어렵습니다.

본경은 「제30품 극락세계 보살의 수행생활(菩薩修持)」 이하부터 「제37품 가난한 사람이 보배를 얻듯이(如貧得寶)」에 이르기까지 탁한 세상에서 괴로움을 초래하는 이유와 괴로움에서 벗어나는 방법을 적절하게 지시하시어 깊고 지극한 자비심으로 거듭 가르치고 권하고 계십니다. 그 사이에 두루 중생이 삼독오악의 업으로 돌아가며 현세의 괴로운 과보와 내세의 불타는 과보를 초래함을 서술하여 엄숙하게 오늘날의 겁재(災刼)를 묘사하여, 중생으로 하여금 과果를 관하고 인因을 알게 하며, 마음을 깨끗이 하고 행을 바꾸며, 과거를 고치고 미래를 닦아서 이고득락離苦得樂하도록 합니다.

만약 단지 지명持名만 알고, 강종綱宗을 이해하지 못한다면 왕생의 정인正因에 어두울 뿐만 아니라 감응효과를 거두기 어렵습니다. 이 때문에 본경은 「제38품 부처님께 예배드리니 광명을 나타내시다(禮佛現光)」 이전에 다시 또, "부처님의 가르침이 작용하는 곳은… 천하가 화평하고, 해와 달이 청명하며, 비바람이 때에 맞추어 불고, 재난이 일어나지 않으며, 나라는 풍요롭고 국민은 편안하여 병사와 무기를 쓸 일이 없느니라. 또한 사람들은 도덕을 숭상하고, 인자한 사랑을 베풀며, 힘써 예절과 겸양을 닦아, 나라에 도적이 없으며, 원망하고 억울한 사람이 없으며, 강한 자가 약한 자를 능멸하지 않고, 각자 자신의 자리를 잡느니라(佛所行處 , 天下和順 , 日月清明 , 風雨以時 , 災厲不起 , 國豐民安 , 兵戈無用 , 崇德興仁 , 務修禮讓 , 國無盜賊 , 民無怨枉 , 強不凌弱 , 各得其所)."라고 하여 부처님의 마음을 드러냅니다. 이상 13문구의 경문은 법이 부처님과 다르지 않고 부처님이 법을 여의지 않으므로, 이 경을 독송하여 수지(誦持)하는 곳은 곧 부처님께서 광명을 비추어 거두시는(照攝) 곳입니다. 또 앞의 발문에서 언급한 것처럼 만약 이 경을 수지·독송할 수 있으면 반드시 지혜가 열리고 업이 소멸되며, 수명이 연장되고 복이 증가되는 효과를 얻을 수 있습니다. 나아가 두루 널리 유통하면 실제로 풍속을 바꾸고 사람 마음을 바로잡는 공덕이 있습니다.

이 때문에 청나라를 건국하고서 특히 이 경을 중요시하여 궁전에서 독송을 일과로 하고 분명하게 정례定例로 삼았습니다. 그런 까닭에 사람들이 알아 스스로 경계하고 상하가 서로 편안할 수 있었습니다. 말엽에 무량수경 독송을 멈추자 사회기강이 날이 갈수록 문란해져서 청나라 사직 또한 이에 따라 전복되었습니다. 『**무량수경회소**(無量壽經會疏; 일본 준제峻諦 법사의 저서)』에서는 이 경은 **칠난**七難17)이 소멸하는 진언이고, 천하가 태평한 비결이라고 말합니다. 실로 확실한 논이고 실없는 소리가 아닙니다.

아직도 기억하건대 일본 침략자들이 위세를 부려 나라가 모두 파천을 하던 시기에 린썬(林森) 주석18)이 전 세계에게 유일하게 나이가 많고 덕이 높으신 허운虛雲 노법사19)께 법회를 주지하여 주시길 예를 갖추어 청하였습니다. (저 녑조는) 후방에서 직무를

---

17) 법화경 〈관세음보살보문품〉에 칠난七難이 나온다. 즉 화난火難, 수난水難, 풍난風難, 도난刀難, 귀난鬼難, 가쇄난枷鎖難, 원적난怨賊難을 일러 '칠난'이라 말한다.

18) 린썬(林森; 1868년~1943년) 중화민국 국민정부 주석으로 일제 강점기에 대한민국 임시정부를 지원한 공로로 1968년 대한민국 건국훈장 대통령장이 추서되었다.

19) 허운(虛雲, 1840년~1959년) 스님은 중국 근대사에서 쇠락해 가던 중국 불교의 선풍禪風을 지켜낸 선지식.

맡아보면서 운 좋게도 삼귀의를 받았습니다. 노법사께서는 저희들에게 간곡하게 타이르셨고, 또 겁운을 만회하러 도를 닦아서(挽劫修道) 자타를 함께 이롭게 하는 것보다 마음을 집중시켜 업을 청정히하는 것이 낫다고 여기셨습니다. 당대의 용상龍象이신 태허太虛대사20)께서 인간정토人間淨土를 건설할 것을 제창하시면서 또 이 경의 문구를 상세히 인용하신 적이 있습니다. 저 연종의 스승님들께서 이 판본을 회집하신 깊은 믿음을 보이신 것과 비록 다르기는 하나, 자비심의 서원(悲願)은 다를 바가 없었습니다.

이로 말미암아 본다면 겁운을 만회하러 도를 닦든지, 인간정토를 건설하든지 상관없이 자비심의 서원을 근본 계제階梯로 삼지 않는 것이 없다고 단언할 수 있습니다. 이 경 한 부를 많이 인쇄하고 많이 수지 독송하는 사람이 한 사람 늘면 곧 1분의 업력이 감소하고 1분의 세운世運이 만회됩니다. 바라는 바, 법을 널리 펴서 덕을 기름(弘法長德)과 세상사를 근심하여 현명함과 사리에 통달함(憂世賢達)을 힘을 합쳐서 제창하고 이를 두루 널리 추진하였습니다. 진제를 비추고 속제를 통달하며(照眞達俗), 사와 리가 함께 융통(事理雙融)한 계경(契經: 경전)과 범부와 성인을 나란히 섭수하고(凡聖齊攝),

---

20) 태허(太虛: 1890년~1947년) 근대 중국의 불교부흥운동 지도자이다. 중일전쟁이 일어난 뒤에는 항일운동에 전념하였으며, 전후에도 불교의 부흥·혁신을 위해 힘썼다.

성덕과 수덕이 둘이 아닌(性修不二) 보전寶典으로 하여금 광명을 두루 비추게 하고 불일佛日[21]을 늘 빛나게 하여서 장차 재앙과 화가 슬그머니 사라지고 인륜이 서도록 도우니, 그 효력의 위대함을 말로 비유할 수 없습니다. 근본을 다스리는 계획(治本之圖)에는 이것보다 좋은 것이 없고, 시대의 문제를 해결하는 요점(救時之要)에도 이것보다 앞서는 것이 없습니다. 나이가 많고 덕망이 높은 분들이 보는 것은 모두 같으니, 아무쪼록 이를 등한시 하지 말아주십시오.

더 나아가 여래께서는 "오직 이 경전만 홀로 세상에 남는다(此經獨留)."라고 현기(懸記: 예언)하시고, "이 경전을 만나는 사람은 모두 제도 받을 수 있을 것이니라(値斯經者,皆可得度)." 하셨습니다. 『보은론報恩論』에 이르길, "사람의 도는 하루에 무너지지 않는 즉, 이 경전도 하루에 무너지지 않을 것이다(人道一日不壞, 則此經一日不壞)" 하였습니다. 또 이것을 불설 일체경 중에 진실眞實·원돈圓頓·요의了義라고 하니, 이것에 반대하는 것은 곧 모두 마구니의 말입니다. 그래서 간절함이 지극하다, 큰소리로 외칠 수 있습니다.

---

21) '부처의 자비가 모든 중생들에게 빠짐없이 널리 미침'을 해에 비유하여 이르는 말.

제 생각에 앞으로 닥쳐 올 세상에 홀로 남는 것은 의심할 것 없이 반드시 이 판본입니다. 왜냐하면 그것이 모든 번역본의 장점을 구비한 까닭입니다. 또한 미륵보살께서 이미 이 경전을 부처님에게서 받았고, 게다가 일찍이 도병겁刀兵劫 가운데 중생이 『비화경悲華經』22)을 만나는 것을 옹호하겠다고 발원하셨음을 알아야 합니다. 무릇 이 경전을 수지하여 크게 홍양하는 자는 곧 복덕이 무변하여 미륵보살께서 옹호하실 겁니다. 반드시 기꺼이 독송하고 기꺼이 홍양해야만, 비로소 미륵보살의 본원과 상응할 수 있습니다. 이는 미륵보살께서 부처님의 간곡하신 가르침을 받아서(受佛重誨), 이에 경전을 크게 수호하겠다고 하신 까닭입니다.

회집한 연기 및 그 중요한 의의에 관해서는 매 거사와 황 거사, 두 분의 서문과 『대경합찬大經合讚』에 상세히 갖추어져 있습니다. 위엄이 넘쳐나는 황군黃君이 저의 스승님 집에 들어가 제자가 된지, 매공梅公께서 바로 저의 스승님과 함께 부처님의 지혜바다를 함께 노니신지 거의 40년입니다. 남방의 매 거사와 북방의 하 거사는 태산泰山과 화산華山이 나란히 우뚝 솟아 있는 것과 같습니다. 서로 아신 세월이 이미 깊고, 말씀하신 것은 더욱 확실합니다.

---

22) 경전에서는 아미타불을 비롯한 다른 부처와 보살들이 정토에 태어나 성불하기를 바라는 데 반하여, 오히려 탐욕과 성냄과 어리석음이 무성한 악세에 태어나 성불함으로써 어리석고 가련한 중생들을 구원하기를 바라는 석가모니의 전생의 보살행을 묘사함으로써 그의 크나큰 자비를 부각시켜 강조하고 있다.

두 서문을 자세히 읽고, 다시 본경을 독송하면 명백하게 고정관념이 바뀝니다. 굳건히 아무것도 기대하지 않고, (저 념조는) 다시 말합니다. 『대경합찬』을 요약하여 인쇄한 후 깊이 연구하고 상세히 맛보면 무궁한 이익을 얻을 수 있을 겁니다. 독자 여러분께서 뜻을 더하시길 간절히 바랍니다.

1946년, 음력 섣달 부처님 성도일成道日에

제자 강릉江陵 황념조黃念祖가 삼가 발문을 쓰다

무량수경 합찬(大經合讚)

하련거夏蓮居 노거사 지음

매광희梅光羲 노거사 발췌

정업淨業을 닦고자 하는 사람은 반드시 이 경전을 독송해야 합니다. 왜냐하면 이것은 모든 정종 경전의 강요綱要이기 때문입니다. 독송하지 않으면 (여래의 지견知見에) 깊이 들어갈 수 없고, 독송을 하면 총지(總持, 다라니)를 얻을 수 있기 때문입니다. 이미 정업을 닦고 있는 사람도 이 경전을 독송하지 않을 수 없습니다. 왜냐하면 무량수경 선본善本이 세간·출세간의 인과因果와 고락苦樂을 남김없이 상세히 포괄하고 있기 때문입니다. 숙독하지 않으면 굳건한 바른 믿음을 지닐 수 없고, 또한 독송하지 않으면 극락세계의 의정장엄(依正)을 어떻게 수지하는지 그 방법을 밝히기 어렵기 때문입니다.

참선을 닦는 사람도 이 경전을 독송해야 합니다. 이 법문은 곧 위없이 깊고 미묘한(無上深妙) 선禪이기 때문입니다. 아미타불(彌陀)이 곧 자성自性이고, 정토가 유심唯心이기 때문입니다. 선정수행(禪)도 있고 정토수행(淨土)도 있으면 마치 뿔난 호랑이와 같기 때문입니다. 정(淨)에 즉(卽)하고, 선(禪)에 즉하면 정(淨) 바깥에 선(禪)은 없기 때문입니다. 정토를 믿지 않으면 선(禪)도 믿지 못하기 때문이고, 또한 자심(自心)도 믿지 못하기 때문입니다.

밀교를 배우는 사람도 이 경전을 독송해야 합니다. 왜냐하면 이 경전 앞부분에 상사(上師)께서 설법하여 관정(灌頂)의 계위에 들어가 보리수기를 받게 하시고, 도량장엄까지 이르러 본존(本尊)께서 광명을 놓으시고 네 가지 다라니를 전부 구족하기 때문입니다. 또한 밀엄국토(密嚴)는 서방극락과 분리되지 않기 때문입니다.

현수종(賢首宗 화엄종)의 사람도 이 경전을 독송하지 않을 수 없습니다. 모든 대보살께서 다 같이 보현보살의 덕을 좇아 닦고, 곳곳마다 극락으로 인도하여 돌아가며, 이와 사가 걸림이 없음(理事無礙)을 순수하게 드러내는 까닭입니다. 또한 『화엄(華嚴)』의 소본(小本)이고, 극락세계가 곧 화장(華藏)세계이기 때문입니다.

천태종(天台宗)의 사람도 이 경전을 독송하지 않을 수 없습니다. 경문에 따라 경건하게 독송하고, 지관(止觀)을 이미 갖추었으며, 차제(次第)를 거치지 않고 스스로 원돈문(圓頓門) 가운데 있기 때문입니다. 경계에 즉하고 마음에 즉하기(卽境卽心) 때문이고, 삼승(三乘)을 개회(開會)하여, 일승(一乘)에 돌아가게 하기(會三歸一) 때문입니다. 또한 곧 『법화』(방편품

제2)에서 말한 바와 같이 "오직 일승법만이 진실이요, 달리 둘이 있다면 진실이 아니기(唯此一事實 餘二則非眞)" 때문입니다.

법상종法相宗의 사람도 이 경전을 독송하지 않을 수 없습니다. 극락세계의 의정依正장엄이 즉 법상法相이고, 믿음信·발원願·집지명호執持名가 유식唯識이기 때문입니다. 왕생하겠다는 발원(願生)으로 말미암아 생하지 않음(無生)을 깨닫고, 의타기성(依他)으로 말미암아 원성실성(圓實)을 증득하기 때문입니다. 유에 들어 공을 득하고(入有得空), 식이 전변하여 지혜를 이루기(轉識成智) 때문입니다.

소본(小本: 아미타경)을 이미 수지한 사람이 다시 이 경전을 독송하면 단박에 깨달아 마음바탕이 확 트이며 밝아집니다. 이 경전을 읽고 다시 소본을 수지하면 더욱 간략하고 교묘하며 정확하고 적절해 보입니다. 이 경전에 의지하여 보리심을 발하고 일향으로 전념하면 바야흐로 일심불란을 얻고, 전념하지 않으면 결코 일심一心을 이루기 어렵기 때문입니다.

『관경觀經』을 독송한 사람이 다시 이 경전을 독송하면 "이 마음이 그대로 부처가 되고(是心作佛), 이 마음이 그대로 부처임(是心是佛)"을 더욱 믿게 되고, 저 세상을 벗어나는 삼복三福을 더욱 상세히 밝히고 있기 때문입니다. 또 일관日觀·수관水觀 내지 보수寶樹·보살불관菩薩佛觀과 비교하면 『관경』을 보다 간단하고 쉽게 닦을 수 있기 때문입니다.

아직 부처님을 믿지 않는 사람도 이 경전을 독송하지 않을 수 없습니다. 이 경전으로 바른 믿음(正信)을 일으킬 수 있는 까닭입니다. 인연과 원력이 선근善根을 낳는 까닭입니다. 의식의 물든 마음(染識) 밭에 영원히 도의 종자를 심기 때문입니다. 이 경전을 읽을 수 있으면 부처님을 믿지 않아도 부처님을 잊지 않는 어진 사람이 되기 때문입니다.

문자를 좋아하는 사람도 이 경전을 독송하지 않을 수 없습니다. 이 경전은 모두 한漢·위魏·당唐·송宋의 원역본을 회집하여 문자가 단아하고 고결하며 간결하고 세련되기 때문입니다. 경문을 숙독하면 글 쓰는 법을 깨닫게 되고, 문장력이 뛰어날 수 있기 때문입니다. 또한 문자반야가 일어나 그것을 관조함으로써 실상에 도달할 수 있기 때문입니다.

대승을 향하는 사람도 이 경전을 반드시 독송하여야 합니다. 왜냐하면 경전 가운데 이르길, "말씀대로 수행한다면 소승이 아니며, 나의 법에서 제일 제자라 이름할 것이고(如說修行 非是小乘 於我法中得名第一弟子)(43품), 이 사람은 이미 일찍 과거에 부처님을 만나 보리수기를 받았으며(是人已曾値過去佛 受菩提記)(44품), 무량 억의 보살 등은 모두 다 이 미묘한 법문을 희구하기 때문에 법문을 존중하며 경청한다(無量億菩薩

等 皆悉求此微妙法門 尊重聽聞)(43품)"라고 하셨기 때문입니다. "수많은 보살들이 이 경전을 듣고자 하지만 들을 수 없기(多有菩薩欲聞此經而不能得)(43품)" 때문입니다.

유학을 공부하는 사람도 이 경전을 독송하지 않을 수 없습니다. 왜냐하면 오직 전일하게 염불하면 곧 "뜻이 성실하고 마음이 발라지기(誠意正心)" 때문이고, 보리심을 발하면 바야흐로 "덕을 밝히고 사람을 새롭게 할 수 있기(明德親民)" 때문이며, 함께 극락에 왕생하므로 바야흐로 이곳을 이른바 "가장 좋고 가장 선한 곳(止於至善)이라 할 수 있기 때문입니다. 대개 『역易』의 적감(寂感: 고요한 가운데 느낌), 『서書』의 정일(精一: 정밀하게 살피고 전일하게 행함), 『예禮』의 무불경(毋不敬: 공경하지 않음이 없음), 『시詩』의 사무사(思勿邪: 생각에 삿됨이 없음)의 경계가 모두 다 이 경전 안에 있기 때문입니다.

군사를 운영하거나(治軍), 정치에 참여하거나(從政), 학문의 길(求學)을 걷거나, 사업을 경영(經商)하거나, 무엇을 하든 상관없이 누구나 이 경전을 읽지 않을 수 없습니다. 왜냐하면 탐·진·치를 대치할 수 있고, 업장을 없애갈 수 있으며, 복을 증진시키고 지혜를 개발할 수 있기 때문입니다. 사람의 마음을 바로잡고 낡은 풍속·습관을 고칠 수 있고, 재난을 소멸시키고 변화시킬 수 있어 국운을 번성하게 하고, 세계를 평화롭게 만들 수 있기 때문입니다. 이는 곧 무진장의 보배(無盡寶藏)이기 때문입니다.

출가자든, 재가자든, 남자든, 여자든 상관없이 모두 이 경전을 독송하지 않을 수 없습니다. 왜냐하면 이것은 세 가지 근기를 두루 덮어주기 때문입니다. 온갖 병을 치료할 수 있으며, 고통을 뽑아내고 즐거움을 베풀어 주기 때문입니다. 어둠을 깨뜨리는 밝은 등불이고, 업의 바다를 건너는 자비의 배이기 때문입니다. 실로 일승요의一乘了義이고, 모든 선업·선행(萬善)의 총문總門이기 때문입니다. 그래서 시방세계 제불께서 함께 찬탄하기 때문입니다.

불설대승무량수장엄청정평등각경(무량수경 선본)

1판 1쇄 펴낸 날 2016년 11월 14일(미타재일)

강해 정공법사 **풀이** 허만항
발행인 김재경 **편집** 김성우 **교정교열** 이유경 **디자인** 최정근 **마케팅** 권태형
제작 대명인쇄
펴낸곳 도서출판 비움과소통

　　　　경기 파주시 야당동 191-10, 예일아트빌 3동 102호

　　　　전화 010-6790-0856　팩스 0505-115-2068

홈페이지 blog.daum.net/kudoyukjung　**이메일** buddhapia5@daum.net
출판등록 2010년 6월 18일 제318-2010-000092호

ISBN 979-11-6016-009-3 03220